文化浙江·大讲堂(第一辑)

陈先春　赵　敏 主编

浙江工商大学出版社
ZHEJIANG GONGSHANG UNIVERSITY PRESS

·杭州·

图书在版编目(CIP)数据

文化浙江·大讲堂. 第一辑 / 陈先春，赵敏主编.
—杭州：浙江工商大学出版社，2019.12
ISBN 978-7-5178-3157-0

Ⅰ. ①文… Ⅱ. ①陈… ②赵… Ⅲ. ①文化史－研究
－浙江 Ⅳ. ①K295.5

中国版本图书馆 CIP 数据核字(2019)第 029876 号

文化浙江·大讲堂(第一辑)
WENHUA ZHEJIANG DAJIANGTANG (DI-YI JI)
陈先春　赵　敏 主编

责任编辑	吴岳婷
封面设计	林朦朦
出版发行	浙江工商大学出版社
	(杭州市教工路 198 号　邮政编码 310012)
	(E-mail：zjgsupress@163.com)
	(网址：http://www.zjgsupress.com)
	电话：0571－88904980,88831806(传真)
排　版	杭州朝曦图文设计有限公司
印　刷	杭州宏雅印刷有限公司
开　本	710mm×1000mm　1/16
印　张	10.5
字　数	148 千
版 印 次	2019 年 12 月第 1 版　2019 年 12 月第 1 次印刷
书　号	ISBN 978-7-5178-3157-0
定　价	38.00 元

浙江工商大学出版社营销部邮购电话 0571－88904970

前　言

　　浙江是中国古代文明的发祥地之一,历史悠久,文化灿烂,素有文化之邦的美誉。

　　为传承和弘扬浙江历史文化,浙江省社会科学界联合会与浙江电视台公共新闻频道,强强联合,倡议开办《文化浙江·大讲堂》栏目,并于2018年1月,正式启动了《文化浙江·大讲堂》的拍摄、录制工作。《文化浙江·大讲堂》在形式上,摒弃了常规的通史类节目的表达方式,重在撷取浙江历史上一些特色鲜明、生动鲜活的人、事、景,通过一个个引人入胜的典故,为广大观众展示浙江璀璨的历史与文化。节目播出后,通过台网联播、多渠道推送,取得了良好的传播效果,培养了一大批忠实的观众和听众。浙江省委宣传部、浙江省社科联、浙江广播电视集团等部门和单位,给予了大力支持。浙江省社科联和浙江新闻频道主创人员为节目付出了辛勤的劳动。

　　《文化浙江·大讲堂》第一季邀请了省内丝绸、茶叶、青瓷、绘画、音乐、戏曲领域的资深专家、学者谈古论今。丝绸篇主讲人中国丝绸博物馆馆长赵丰,学养深厚,组织复原了几千年前的织机与丝织技艺;瓷器篇主讲人浙江省文物考古研究所研究员郑建明,浸淫瓷器考古数十年,组织发掘了多座浙江古代瓷器遗址;茶叶篇主讲人王旭烽,其作品《南方有嘉木》曾获得茅盾文学奖,她以文学家的细腻,将茶叶文化娓娓道来,为我们讲述一片茶叶的故事;书画篇主讲人浙江省社会科学院副院长陈野,致力于研究浙派书画史,对浙江书画名家、名作如数家珍,信手拈来;音乐篇主讲人浙江省长三角非物质文化遗产研究院院长黄大同、戏剧篇主讲人浙江省文化艺术研究院副院长蒋中崎,多年来深入一线,搜集、调研、整理浙江的民歌与戏曲,观点别具一格。专家们以简洁而不失系统的讲解,以曲折离奇的传奇故事,深入浅出地向大众讲述浙江文化。

呈现在读者面前的就是我们在尊重嘉宾讲解的基础上,对大讲堂的内容进行整理后的文稿,我们将电视节目转化成可看、可品、可读的出版物,为大家送上的一道有质感、有新意、有内涵的文化大餐。这也是推动浙江文化大众化、普及化的探索和创新。

守望文化家园,传承历史文脉。文化只有走进今天、走向大众,才能更好地传承和弘扬。我们希望通过这样的尝试,让浙江的历史文化,走出学者的案头,走向社会大众,希望大家在空闲之时,品味这道精心烹饪的文化大餐,从中你将了解到中华文化之博大精深,体会到身为浙江人的自豪感,并进一步充实、丰富自己的精神世界。

浙江历史源远流长,文化灿若星河,由于我们水平有限,时间较紧,有不尽如人意之处,敬请各位专家、读者批评指正。目前,《文化浙江·大讲堂》第二季之"浙东唐诗之路"已录制并顺利播出,接下去我们将关注"运河文化带",并聚焦浙江的母亲河钱塘江,电视节目和书籍都将陆续推出。

文化浙江,锦绣华章!希望《文化浙江·大讲堂》能以文化的力量,为浙江大地上的广大观众提供丰富的精神滋养!

浙江电视台　赵敏

2019 年 6 月

目　录

丝绸篇

丝绸之路：来自东方的神奇衣服 / 004

丝路明珠：敦煌与敦煌人 / 008

经纬天地：织机与织造技艺 / 011

风华绝代：最美是旗袍 / 015

择一事，爱一生：我在丝博修文物 / 019

丝绸之都：杭州丝事与丝人 / 024

青瓷篇

窑火初起：探寻来自浙江的神秘瓷源 / 032

越为禹后：战国原始瓷 / 036

秘色探秘：越窑秘色瓷的前世今生 / 041

天下龙泉：顶峰之作再造青瓷盛世 / 046

浙江青瓷："一带一路"上的文化金名片 / 050

茶叶篇

天生茶圣：陆羽与《茶经》/ 060

茶道之源：浙江茶事与日本茶道 / 064

神秘探险：马戛尔尼与英伦茶路 / 067

冠绝天下：西湖龙井的前世今生 / 071

一生事茶："当代茶圣"吴觉农 / 075

书画篇

书圣王羲之：惠风和畅写兰亭 / 084

王默与黄公望：水墨云山水墨画 / 089

宫廷画师马远：风范典丽诗意浓 / 094

吴镇与王蒙：只钓鲈鱼不钓名 / 099

写意画家徐渭：笔底明珠无处卖 / 104

音乐篇

东皋心越：日本古琴复兴之祖 / 112

山歌双璧：嘉善田歌与畲族山歌 / 118

变与不变：浙江民间音乐的乡愁与远方 / 125

《采茶舞曲》：浙江民族金曲 / 131

戏曲篇

一部中国戏曲史　半部在浙江 / 140

美丽如水的传奇越剧 / 143

声腔多样的婺剧与绍剧 / 147

高腔、乱弹：有古韵遗风的浙江古老剧种 / 152

滩簧戏：反映现实的浙江地方小戏 / 155

丝
绸
篇

　　赵丰，中国丝绸博物馆馆长、研究员，中国纺织品鉴定保护中心主任，国家文物鉴定委员会委员，国际古代纺织品研究中心（CIETA）理事，东华大学（原中国纺织大学）教授、博士生导师，浙江理工大学（原浙江丝绸工学院）教授、硕士生导师，十届浙江省人大常委，十一届全国人大代表。2007 年获国家文物局文化遗产奖，2008 年获文化部优秀专家称号。

　　代表性著作有：《丝绸艺术史》（1992）、《唐代丝绸与丝绸之路》（1992）、《中国丝绸通史》（2005）、《纺织考古》（2007）、《锦绣华服——古代丝绸染织术》（2008）、《敦煌丝绸与丝绸之路》（2009）。

丝绸之路:来自东方的神奇衣服

导读:丝绸,这一古代西方人眼中的神奇材质,最早发源于中国哪个地区? 在西方人的笔下,丝绸和羊毛有着怎样的关系? 熙熙攘攘的丝绸之路上,又隐藏着怎样曲折离奇的故事与传说?

丝绸在中国差不多有 5000 年的历史,在中国的南北两边,即北方的黄河流域和南方的长江流域,都发现了距今 5000 多年的丝绸。在北方,最早是在山西夏县西阴村以及河南荥阳青台村发现的实物。西阴村出土的是半个蚕茧,青台村出土的是包裹在小孩身上的丝绸残片,它们的历史都在 5600 年左右,这是我们知道世界上最早的由人工养的蚕吐丝制成的丝绸。在南方则有浙江湖州钱山漾遗址,它发现的丝绸距今有 4000 多年。从西阴村发现的蚕茧来看,当时的蚕茧很小,只有现代蚕茧的三分之一那么大。我们可以想象,从这个茧子里面抽出来的丝,是很有限的。也就是说,当时做一件像我们现在大小的丝绸衣服,大概需要一万颗蚕茧缫出来的丝才够。

两千多年前,世界上最强大的帝国,是东方的汉朝与西方的罗马。罗马帝国的缔造者恺撒大帝,南征北战,雄才伟略,是这个西方帝国最富有传奇色彩的统治者。相传有一天,恺撒大帝出席罗马剧场的演出,他穿着用中国丝绸制作的长袍出现在剧场内,绚丽的色彩把全场观众惊得目瞪口呆。在丝绸到达罗马之前,罗马人的衣服面料比较粗糙,丝绸的柔软光滑给了罗马人一种全新的感觉。罗马贵族对丝绸非常痴迷,甚至愿意拿出相等重量的黄金来交换。而遥远的中国,在罗马也有了一个好听的名字"赛里斯",意思是"丝来的地方"。罗马人口口相传,遥远东方的中国人不仅身材高大,而且聪明、长寿,能制作美轮美奂的丝绸，非常神奇。其实，类似的传说，早在古希腊的记载中就出现了。

最早在公元前5世纪左右，古希腊文献就对中国的丝绸有了一些记载，里面讲到了金羊毛或者羊毛树的一些故事。因为在希腊以及地中海沿岸，最重要的纺织纤维有两种，一种是亚麻，另一种就是羊毛。羊毛的利用最开始起源于两河流域，就是现在的伊朗、伊拉克境内，这个地方是驯化羊、利用羊毛的重要地区，在地中海地区，用羊毛来做衣服非常普遍。所以，当他们听到东方有一种神奇的纤维的时候，他们的就把羊毛跟丝绸结合起来了，产生了羊毛树的概念。因为羊毛是从羊身上剪下来的，而他们又听说是一种家蚕吃了桑叶之后才吐出丝的，于是他们就认为，丝绸是从树上下来的，所以他们说树上会长出来很多有绒毛的叶子，是"羊毛树"。有的绘画里面也出现了一些羊毛树的形象，特别有意思。差不多到公元后，他们对东方有了更多了解，知道了养蚕的地方叫赛里斯。他们认为，蚕就是一类专门的动物，一种专门的昆虫，不过不是非常小的，而是一种非常巨型的、非常神奇的昆虫。它要吃很长时间的叶子，吃半年以上，最后吃得肚子都胀破了，人们就可以从蚕的肚子里面找到相应的纤维，这个纤维就是蚕丝。再到后来，他们拿到了真正的蚕种并开始养蚕，对丝绸就不再陌生。据说是一个波斯的僧侣把蚕种放在手杖里面，带到了拜占庭。

今天，对丝绸之路，人们已经耳熟能详。实际上，丝绸之路这样一个术语，是西方人命名的。1877年，德国地理学家李希霍芬在《中国》一书中，首次使用"丝绸之路"一词。而丝绸之路的形成，离不开一次伟大的探险——张骞出使西域。这是一次伟大的探险，从奉命出使到返回本国中原，张骞用了13年。正是他的勇敢，让西汉王朝看到了遥远的未知世界。跟随着张骞的足迹，汉朝先是向西打通了河西走廊，又在西域建立了都护府，甚至开始寻找遥远的罗马帝国。因此，张骞出使西域，被史学家司马迁形象地称为"凿空"，也就是在墙上凿出通道的意思。从此，很多汉朝人没见过的东西，例如葡萄、石榴，还有著名的汗血宝马，都传入中原，而来自中原的丝绸、瓷器等很多物品，也慢慢开始通过这条探险家之路，从西汉王朝的都城长安，经过河西走廊，越过被古代中国人称为葱岭的帕米尔高原，走向中亚、西亚，直至地中海。

真正的丝绸流通出现在张骞之后，在汉代的时候，丝绸在西方有了比较大的传播。丝绸之路沿途，像中国的西北，如甘肃、新疆等一些地方，都出现了汉代的丝绸遗迹，而汉代的丝绸，一直可以流通到哪里呢？在叙利亚，有一个遗址叫巴尔米拉，通过在这个遗址上出土的丝绸，我们可以明确地看到，汉代的丝绸已经到达地中海沿岸。所以，这是一个非常重要的时期，丝绸之路在张骞"凿空"之后，给沿线带来了一系列汉文化的影响。到了三四世纪之后，丝绸生产的技术也开始向西传播，慢慢地，丝绸之路沿线也开始有了自己的丝绸生产的技术。

张骞出使西域后，很多商人、旅行家、使者在这条日益兴旺的古道上贸易、往来。一千多年后的公元 1271 年，丝绸之路又迎来了一名年轻人，出生于威尼斯的商人马可·波罗。他跟随长辈，沿着张骞们的足迹，开始了由西方向东方的漫长旅行。据马可·波罗自述，他在中国，一待就是 17 年，游历了很多地方。

马可·波罗是意大利威尼斯人，他当时跟着他的两个长辈，一起来到东方，据说他还见了忽必烈大帝。他在中国待了十多年，在中国各地游历，去过元大都，也去过四川地区，据说他还在扬州当了很长一段时间的官员。同时，他也来过杭州，所以在杭州的西湖边上，有马可·波罗的塑像。他当时在他的《马可·波罗游记》里面，对杭州有一个专门的评价，说这是他见过的世界上最漂亮最繁华的城市。

一个偶然的机会,让思乡心切的马可·波罗有了回家的契机。当时蒙古人统治的疆域非常辽阔,在如今的伊朗、伊拉克一带,也有蒙古人建立的伊利汗国。伊利汗国的统治者阿鲁浑汗派使臣来元朝求婚。忽必烈就选了一位蒙古少女阔阔真出嫁。于是马可·波罗一家便自告奋勇护送她到遥远的伊利汗国完婚,并顺路回乡。这回,他们通过早已开辟的海上丝绸之路,从中国东南沿海出发,经过马六甲海峡,穿过印度洋进入红海,最终回到意大利威尼斯。在一次海战中,马可·波罗意外被俘,在狱友的协助下,他在狱中完成了著名的东方见闻录《马可·波罗游记》。

马可·波罗的东方游记还是有很多人在质疑的,关于到底他本人是不是到过中国、是不是在中国当过官,都还有不同的声音。不过,不管怎么样,《马可·波罗游记》里面记载的事情,基本上是属实的。所以我们可以从书里看到13世纪时西方对中国的印象及西方对中国,特别是对丝绸之路的了解。因为《马可·波罗游记》里面记载了从意大利到中国路上的很多地方,比如说像大马士革、波斯,以及沿途的其他很多地方生产丝绸、使用丝绸、贸易丝绸的一些实例。我们其实可以沿着马可·波罗提到的路线,把沿线的丝绸产品一个一个列出来,进行研究,这样也可以画出一条丝绸之路。而且特别有趣的是,马可·波罗回去的时候,是沿着海上丝绸之路走的。所以我们可以了解到,当时从西方到东方,走的是草原的这条丝绸之路,然后可以通过海上丝绸之路,再回到欧洲。

丝绸之路"凿空"西域,东方和西方走向融通,海上丝绸之路贯通中西,使中国走向远洋。在大漠孤烟与黄沙中,仿佛还能听到山间回荡的声声驼铃;在吹拂不息的海风中,依稀还能想见港口停泊的一片商船。今天,历史进入了新纪元,丝绸之路经济带和21世纪海上丝绸之路,正激荡着全球化时代的贸易,传播着人类所共享的物产和文明。

丝路明珠：敦煌与敦煌人

导读：大美敦煌。从道士王圆箓打开藏经洞的那天起，敦煌就震惊了世界。神秘的藏经洞、精美的壁画背后，隐藏着哪些丝绸传说？丝绸之府浙江，与敦煌又有哪些不解之缘？

公元前 111 年，汉帝国设置敦煌郡。敦煌，即盛大辉煌之意。1990 年 5 月，地处敦煌戈壁荒漠一个叫悬泉的地方发现疑似盗掘的迹象，随后，一座汉帝国时代的西部驿站——悬泉置，呈现在人们面前。这是一座方形城堡，办公区、住宿区、马厩、瞭望角楼等设施完备。当时，从长安到敦煌，有 80 多个驿站。东往西来的中外使节、商客与僧徒途经驿站，云集敦煌，为了各自心中的寄托，人们在城外的鸣沙山上，开窟敬佛。

敦煌为世界所知道，是因为藏经洞的发现。藏经洞是在 1900 年的时候，主持管理莫高窟的道士王圆箓在清理洞窟时偶然发现的一个壁龛。他把它打开了之后发现，里面有四平方米左右，堆着满满的经书和其他的实物。这里面最重要的是佛经，因为当时有很多在莫高窟附近修行的僧侣，遗留了一些佛经在这里；第二是有很多其他的历史文书，还有就是一些丝绸。这里的丝绸分两类，一类属于绘画，因为在莫高窟里面有很多佛教的东西，所以就有很多佛画或者唐卡在里面；还有就是当时用过的一些丝绸，主要是经幡等。王道士发现了藏经洞的消息，到 1906 年前后，被英国人斯坦因得知，他从新疆赶到了敦煌，想方设法跟王道士拉上关系，希望能够得到里面的藏品。他花了很多精力和王道士周旋，而且讲了很多故事，骗取了王道士的信任。王道士把里面的一部分东西给了斯坦因。斯坦因当时拿到的文物量是很大的，拿到了之后，他就把这批东西带到了英国和印度,包括丝绸,现在也被收藏在这两个地方,主要是在大英博物馆和印度新德里的国立博物馆,还有大英图书馆也有一部分文书。此外,还有英国维多利亚与阿尔伯特博物馆从印度的国立博物馆借的一部分。所以,敦煌的丝绸,到了国外基本上就分散在这几个地方。藏经洞是当时一个非常重要的发现,这个发现使得世界各地知道了敦煌有这么一个宝藏,大家一下子对它非常关注,所以,后来法国的伯希和和日本的橘瑞超、俄国的奥登堡都来到这里探险和掠取。

结束西方人在敦煌探险史的,是一个名叫常书鸿的中国人,后来他被称为"敦煌守护神"。从杭州到法国留学的他,在异国他乡看到了精美的敦煌壁画,深受触动。1943 年,骑着骆驼初到敦煌的常书鸿,感受到莫高窟曾有的灿烂,也目睹了它的破败。他在笔记中说:"塞外的黄昏,残阳夕照,昏黄的光线被灰暗的戈壁滩吞没着,显得格外阴冷暗淡。"此后,一代代的敦煌人不断努力,抹去半个世纪的风沙,使敦煌从岌岌可危的残壁残垣,逐渐焕发出生命的光彩。

常书鸿是我们杭州人,他最初是由我们杭州的丝绸界资助到法国的里昂学习丝绸设计技术的,在学了一段时间的丝绸设计之后,他转去了中法大学学艺术。当他在塞纳河边看到了敦煌莫高窟的摄影作品之后,就毅然回到国内,专门去莫高窟工作,他是敦煌艺术研究所的第一任所长。20 世纪六七十年代的时候,莫高窟进行过一次比较大的保护修缮工程,今天我们看到的莫高窟的形象,其实都是那个时候修复保护后确立下来的。常书鸿在修复过程中又发现了一些丝绸,当时发现最重要的丝绸是北魏、盛唐时的,这两个时代的文物很重要,但量不大。后来比较重要的发掘活动,主要是 80 年代之后在莫高窟北区,由当时敦煌研究院的彭金章老师来主持。北区这些地区,在历史上慢慢废弃了,后来也有少数民族居住在那边,甚至死了以后也埋在那边,所以说整个状况就很差,但也出土了很多纺织品,如丝绸、毛织品等,年代从北魏时期一直到元代都有,西夏和元朝的东西特别多。

在中国丝绸博物馆，有一个复制的莫高窟洞窟。洞窟中，塑像的面容、神情充满了沉静与神秘。这样的洞窟在莫高窟密密麻麻，像蜂巢般挤满了黄色的壁岩。在丝绸专家眼里，莫高窟不仅是一座规模宏大的艺术殿堂，更蕴含了一幅幅绘制千年的丝绸画卷。

壁画和彩绘上面，也有大量跟丝绸相关的信息。我们第一代的"敦煌守护神"常书鸿先生，对这个问题就非常重视。他觉得壁画里面有很多的信息，关于设计的信息量也很大，所以他后来就专门叫他的女儿常沙娜去那边临摹丝绸的图像。常沙娜老师在 1959 年的时候，和她的两个同事李绵璐和黄能馥，三个人专门去了敦煌，在她爸爸常书鸿的指导下，开始对敦煌壁画里面的丝绸图案进行临摹，最后形成了一个出版物，这个出版物就是我们今天看到的《中国敦煌历代服饰图案》。常沙娜的临摹里面，有各种各样的丝绸图案，还有各洞窟里面不同的人穿着的服饰。书中各种类别的图案一共有四百多幅。非常幸运的是，后来常沙娜老师把临摹的原作都捐给了中国丝绸博物馆，然后又在中国丝绸博物馆举办了一个叫"沙鸣花开"的展览。

绫、罗、绸、缎，是中国传统丝绸纺织品的四个品种。绫，斜纹，疏松轻薄。《西游记》中写道："微风初动，轻飘飘展开蜀锦吴绫。"蜀锦吴绫是各种精美丝织品的代称。浙江是著名的丝绸之府，是丝绸生产和贸易较为发达的地区之一。在莫高窟就发现了吴绫这种很可能来自浙江的精美丝织品。

藏经洞当时的主人是洪辩。洪辩有块碑留下来，这个碑上就写到，当时他得到的绫里就有吴绫，这个吴绫非常有可能是从浙江这里过去的。在唐代的史料里，包括《新唐书》《旧唐书》或者其他文献，都讲到吴绫的主要产地在浙江。但是具体来说，吴绫是哪一件文物呢？这个问题很难回答。但我们在敦煌出土的幡里面看到了一种有柿蒂纹的绫，觉得它可能就是吴绫。白居易在

杭州做刺史的时候写过一首诗叫《杭州春望》，里面专门写到"红袖织绫夸柿
蒂"，红袖是一个女孩子，她在织绫，她织的绫里面什么绫最好呢？白居易说是
柿蒂绫，就是有柿蒂图案的绫。柿蒂是四瓣花的一种形式，我们在敦煌的图案
里面，刚好看到了有四瓣花图案的绫，所以我们觉得这个柿蒂绫就很有可能是
杭州一带生产的吴绫。

敦煌是丝绸之路上一颗最耀眼的明珠，这里曾经风云际会，见证了古老的
中华帝国和广袤的中亚地区无数的历史变迁和盛衰荣辱。美轮美奂的壁画、
神态安详的彩塑、散落各地的文献，甚至曾经包裹佛经的一小片丝绸，都让我
们真切地触摸到了历史的脉动。

经纬天地：织机与织造技艺

导读：一经一纬之间，丝绸织就。织机和计算机之间，有什么异曲同工
之处？中国的四大发明，又和丝绸有着怎样千丝万缕的联系？

《史记》中记载："黄帝居轩辕之丘，而娶于西陵之女，是为嫘祖。"在中国神
话传说中，就是嫘祖发明了种桑养蚕。古人眼里，蚕是一种不死的动物，它的
生命由卵到蚕，由蚕到蛹，破茧羽化成蝶，轮回往复。古代的帝王驾崩以后，全
身被丝绸包裹，整个墓宫内壁会用丝绸帛画装饰，就是希望像蚕一样，能够破
茧重生。龙是中华民族的图腾，造型独特的 C 形龙，是几千年前红山文化的代
表器物，但也有人认为，它的原型可能就是蚕。一种小小的昆虫，竟然有着如
此独特的地位，而蚕能够被中国人驯养，不知历经了多少次的偶然和尝试。

在人类历史上被驯化成功的昆虫只有两种，一种是蜜蜂，一种是蚕。驯化

一种昆虫不是那么容易的，比驯化大型的哺乳类的动物难多了。驯化家蚕，实际上要改变野蚕的基因，而要改造基因不是一朝一夕能完成的。比如说我们现在看到的一般的毛毛虫，就是蝴蝶的幼虫，它也是完成变态的昆虫，它破茧之后，是会飞的，要抓住它也不容易。而现在的家蚕，破茧之后不会飞，你可以把它们抓在一起，有雌雄的在一起，它们就会交配产卵，产卵的时候就会产在小小的一个圆孔里面。一对蚕蛾，可能最后产出 500 个卵出来。它的物种习性已经变掉了。除了上面说的不会飞，野蚕被改变的第二个特点是聚集性。人跟人之间，或动物跟动物之间，会有一种来自基因的亲近感，但是也不能太近，太近就会相互排斥。但是家蚕，如果到农村里看，你会看到，密密麻麻的，全都聚在一起。它们相互之间没有排斥性，大家在一起相安无事，这也是基因的一个改变。

"纤纤擢素手，札札弄机杼。"这首汉代古诗道出了女性在织机旁辛勤劳作的场景。织机，是织造丝绸的关键工具。2013 年，考古工作人员在四川成都发掘一座早期被盗的汉代古墓时，意外发现木质椁室的底部，竟然隐藏着一个夹层，里面藏有大量的漆器木件。令人感慨的是，2000 年的沧海桑田，这些昔日连盗墓贼都不屑一顾的物件，今天都成了稀世珍宝。

成都老官山汉墓就非常特别，可以说这是第一次有这样的发现。它这个墓本身分为上下两层，上面一层有一个棺，就是葬人的，还有一些其他的祭品，下层还有四个空间，分别陪葬了很多很多的东西，其中有一个空间里面，葬了四台织机。这是我们第一次发现织机。特别是一个提花机，做得又特别真实。除了有四台织机之外，还有一套纺织工具，此外还有十五个木俑，应该就是模拟当时的纺织工人。据我们判断，其中应该有四个是专门从事织造的男性，其他还有一些是各种各样的辅助工种，有跪着的，主要是络丝、摇纬等；还有半跪半坐的，可能在做其他的辅助工作，因此，这可能是当时一个蜀锦生产作坊的缩影。根据木俑的大小，我们也可以推测当时织机的真实大小，如果我们设想当时的人高度在一米六到一米七之间的话,那么刚好是木俑的六倍左右,所以我们可以根据这个比例相应仿做出当时的织机。

图 1-1 古代织机

里昂,是丝绸之路在欧洲的终点,素有"欧洲丝都"的美誉。这里曾是率先接纳中国留学生的法国城市,包括周恩来和邓小平等人,都曾在这里留学。在成都出土的提花织机模型,不仅解开了千年蜀锦的织造秘密,更在后世"机杼声声"的传承、创新中,沿着"一带一路",翻山越岭,漂洋过海,开启了世界的工业文明。

1800 年前后,法国里昂有一个人叫贾卡,他在中国提花机的基础上,又结合了里昂丝织业中出现的一些新的技术,最后形成了一种新的提花机型,叫贾卡织机。贾卡织机中最为重要的是采用了纸板打孔的形式做成了纹板,一张纹板的孔眼就相当于织一根纬线时所需要变化经线提升的信息。凡是经线遇到打孔的地方,在这里就不需要提升,而不打孔的地方经线是要提升的。所以一张纹板中打孔规律的变化就直接反映了经线提升规律的变化,从而导致最后织出图案的变化。后来这种纹板或这种记载信息规律的方法被用到很多与织造相关的机器上去,一直到后来的电报机,采用的也是这样的信息规律记载方式。后来,这种方法又被用到了第一代计算机上。

一经一纬之间,纺织与四大发明间也产生了千丝万缕的联系。人们用上好的蚕茧抽丝织绸，剩下的蚕茧就用漂絮法制取丝绵，漂絮的次数一多，就产生了一种神奇的纤维薄片。这种薄片又有着怎样的妙用？

丝在漂洗的过程中，会掉下很多短丝纤维，称为丝屑，而这些丝屑在沉淀下来之后，会结成一张薄薄的膜，这个薄膜就成为纸。但后来，到了真正意义上把它作为一个书写材料来用的时候，人们又发现它的强度是不够的，所以人们就有意识地加入了其他纤维。因此，其实最开始的时候，纸应该是跟丝绸有关。

在西汉马王堆汉墓出土的丝织品中，有一幅令人啧啧称奇的帛画。这幅T形帛画，俗称"招魂幡"。从上至下分天上、人间和地下三部分，华彩绚烂，表现了古人对天国的想象和对永生的追求。而与帛画多少有些类似的印花敷彩纱的套印技术，则和后来的雕版印刷技术有着一定关系。

我们最早发现的丝绸印花实物就是在长沙马王堆。马王堆是西汉时候的一个大墓，里面出土了一些印花的织物。最有名的是两种印花织物，一个是金银色的印花纱，是当时先用两套雕版印了之后，再加上一套手绘的雕版印。我们后来在广州南越王墓发现了两块真实的青铜雕版，同时还有类似的产品。这两块青铜版并不大，但刚好是印一套图案用的两套版，而且这两个版子刚好是一大一小，大的图案之间刚好有一个小的图案可以套印进去。从青铜印花版的情况来看，原来当时印花就是用这样的版来印的。它的使用方式，其实跟印章的方式是一样的，不过印章单独盖一颗就完事了，而印花要几个颜色套起来印。我认为这就是一种非常珍稀的早期印刷技术，而且这个印刷技术还是彩色的套印。所以从今天来看，它印图片的技术，比印文字的技术还来得先进一点。当然，它跟印刷也不完全一样，印的方向都还是有区别的，但是我们还是可以这样看，这两种技术之间有着非常密切的关联。所以我觉得丝绸对中国文化和中国文明的贡献还是非常大的。

无论是西方的电报、计算机，还是中国的造纸术、印刷术，与丝绸技艺有都千丝万缕的关系。"一带一路"上，中国丝绸以其卓越的品质、精美的花色和丰富的文化内涵而闻名于世。当绚丽的丝绸随着悠扬的驼铃与嘹亮的海哨传向远方，它所带去的，不仅仅是一件件华美的服饰，更是东方古老灿烂的文明。三尺丝绸，经纬之间，穿起东西大陆，浸染着中西文明。

风华绝代：最美是旗袍

导读：含蓄而妩媚的旗袍，真的是由满族服装改造而成的吗？张爱玲的笔下，王家卫的电影里，旗袍又是怎样的风姿绰约？宋美龄的旗袍，又有什么独特之处？

旗袍是非常经典的中国服装代表，但是真正的旗袍历史并不是很长，也就是一百年左右。我们说到旗袍这个词的时候，大家都会想问，它是不是和旗人的服装有关系？旗袍真正出现的时间，按照张爱玲当时在《更衣记》里面所说的，差不多在 1920 年。她当时也说，旗袍本来应该是旗人的东西，汉人应该是不太喜欢的，但是不知道怎么回事，突然在上世纪 20 年代的时候变得流行起来。而且让人匪夷所思的是，旗袍是在上海这个比较时尚的大都市流行起来的。

作家张爱玲在《更衣记》里写道："1921 年，女人穿上了长袍。"这里的长袍，就是旗袍。旗袍诞生后，经过不断改良，从原先宽身、直筒的样式，变得窄细、贴身，女性的曲线美被凸显。彼时的街头，随处可见身着旗袍的女子，纤腰轻摆，风姿婀娜，一如戴望舒的《雨巷》里款款走出的女郎。电影明星们更是对旗袍情有独钟，胡蝶、阮玲玉、周璇，在十里洋场的上海，著名的电影明星、高贵的名媛们身穿旗袍，穿梭于各种觥筹交错的场合中，占据了各种流行画报的封面，旗袍的声名也渐渐传遍世界。

早期的旗袍总体来说只是一件衣服，但是一开始裁剪还是平面的，会做得比较大一点。经典的 20 世纪二三十年代的上海旗袍，是改良旗袍，就是立体裁剪，跟人们今天认定的旗袍比较一致。所以这是一个发展过程。到了后来，旗袍就越来越流行，不光作为非常正式的场合里面的穿着，社交场合，甚至我们一般的工作场合，都有旗袍风格的服装。旗袍总体上在 20 世纪二三十年代是一个时尚产业的产物，而时尚确实是需要有人来引领的。最明显的还是两类人，一类就是明星。当时在上海滩，有很多演艺界的明星，特别是电影明星喜欢穿旗袍。在当时，电影是最为重要的时尚传播媒介，所以我们可以看到有很多的电影明星，都成为旗袍时尚的引领者。在当时出现的非常有名的《良友》杂志里面，特别是在封面上，我们就可以看到这样的一些人物，她们身上穿的特别多的就是旗袍。我记得当时最有名的图片是几个明星排成一排穿上旗袍出现，这样的照片在很多地方都可以买到，这个影响力肯定是非常强的。另外，旗袍在当时政界的女性里面也很流行，非常有名的就是宋氏三姐妹，特别是宋美龄。宋美龄的旗袍还有着她自己的特色，她采用一字双襟，旗袍一般来说都是单面的，但她的旗袍有两个襟。我们在海宁博物馆里看到一批他们收藏的华旦妮的旗袍，其中就有一批都是一字双襟的，我们博物馆里也有两件旗袍是一字双襟的。宋美龄在台湾、美国留下来的旗袍基本上都是一字双襟的。所以名人对于某种款式的喜爱，也能起到相当大的推动作用。

作为一种服装，旗袍可以将女人包装得非常内敛，又散发出一种独特的韵味。多部电影中，旗袍都是不可或缺的重要道具。导演们用旗袍多变的样式，点出每一刻女主角的内心独白。《花样年华》中，女主角张曼玉换了二十多套旗袍，炫目的旗袍使她时而忧郁，时而雍容，时而悲伤，勾勒出女子的绝代芳华。《2046》里，章子怡扮演的白灵，身着旗袍的玲珑纤细的肢体，在昏暗的灯光照射下，显得更加亮眼夺目。《风声》里，身着旗袍的周迅富有灵性，这种不同于张曼玉、章子怡的美，不骄不躁，在不经意间把人给吸引住。旗袍的美，美在精细的做工、精致的面料、精湛的技术，在张爱玲的小说中，用"香云纱"制成的旗袍，散发着植物的清香，受到宋庆龄、陆小曼等人的青睐。每一件精美的旗袍，都是能工巧匠们与精致面料的一次美丽邂逅。

旗袍的特点在哪里呢？首先它是一片式的衣服，上下一体。第二个特点是相对而言比较封闭，比较紧身，特别是在领子上，领子不是敞得很开，而且有很多的装饰。第三是整个形态比较紧身，特别是上半身，它是非常合体的，非常准确地凸显了女性的体形、曲线，胸和领子部分相对稳定。袖子部分可以是无袖、短袖或是长袖，到了下半身，有的裙子会有高低，边上开叉，会有一些变化。从美学、技术的角度来说，我们觉得它有上面这几个特点，也是因为有这些特点，使得它成为中国人、华人或是东方女性的一种标志。另外，我也觉得它特别精致。一是它的面料精美。中国丝绸博物馆收藏了几百件乃至上千件旗袍，可以说没有两件旗袍的面料是一样的，这说明当时面料的生产工艺丰富，不同面料的图案、织造方法、品种、结构都有很大的差别。第二个是它的制作工艺精湛。从制作工艺看，我们可以看到它的滚边、盘扣，所有的这些缝纫工艺、裁剪工艺，都是非常精致的。它跟身材的贴合性，也要求做工非常精，要到位，要恰到好处。特别是我们看 20 世纪 30 年代左右的旗袍，每件旗袍可以说都是高级定制的。旗袍是东方的衣服，很多的民族都有自己的服装，像印度的纱丽、日本的和服、韩国的韩服、越南的奥黛，旗袍也同样具有非常高的识别度，一看就是东方的。

一袭青衣，染就一树芳华；两袖月光，诉说绝世风雅。在岁月流光的匆匆年华里，随着人们观念与品位的变化，旗袍的样式在改变，面料在变化。民国时，旗袍代表解放的姿态，引领起穿衣时尚，现在，旗袍多少有了坚守的意味。

虽然 20 世纪三四十年代全民穿旗袍的辉煌不再，但旗袍永远不乏铁杆粉丝。作为中国女装的代表，在一代代丝绸人的不懈努力下，旗袍不断推陈出新，频繁出现在世界舞台。行走在芳菲的流年里，身着旗袍的女子永远是一道亮丽的风景。

我们也看到一种新的趋势，旗袍这样一种民族服装的基本款，加上了很多传统的工艺、传统的元素、传统的图案等，能够使得我们有更好的设计，得到更好的发展。我们觉得旗袍是一个非常好的文化载体。现在特别多的旗袍都会把刺绣用在缎子上面，从我所知来说，像郭培、劳伦斯·许、张志峰、东北虎他们，基本上都是用绣的做法来做的，因为绣的方法，最容易做成高级定制，一件一个图案，一件一个工艺。这样做，服装的款式越来越丰富多彩，所以旗袍也成为时尚服饰里面的一个门类，又重新被大家所喜欢。社会上现在有很多活动，如旗袍会、旗袍节等。2017 年 5 月，在杭州就有一个全球旗袍日，有很多人穿着旗袍在西湖边或运河边参与。大家慢慢在重新寻找一个有中国特色的服装元素、符号，又把目光聚焦到旗袍身上来。我也曾经跟一些设计师一起商量过怎么样寻找合适中国人的礼服，所以我们在 2013 年策划了名为《华装风姿》的展览。这个展览策划的原意，就是希望通过我们服装界、文化界，来设计一些具有中国女性特色的服装，提供给大家参考，看能不能够在重大场合穿着这样的衣服出现。等大家慢慢认同了，我觉得我们的国服就会达成共识。所以我在想，也许有这么一天，我们重新拥有自己的国服，那么旗袍就是一个非常好的选择。

择一事,爱一生:我在丝博修文物

导读:大历史中的小工匠,择一事而终一生。丝绸文物修复,要经过哪些环节的重重考验? 神秘的营盘美男,有着怎样的前世今生?

每天一大早,"60 后"楼淑琦就会来到这间几百平方米的丝绸修复室里。穿起白大褂,她就成了一名丝绸文物的"医生"。2005 年硕士毕业以后,"70 后"的王淑娟也来到中国丝绸博物馆工作。与以接触的新衣服不同,现在入手的,往往是有几百年乃至上千年历史的老古董。这些丝绸经年累月处在墓葬环境的影响下,很容易发生降解,出土时就十分残破。

中国丝绸博物馆文物修复师 王淑娟:

它不像金器、银器,看起来就比较光鲜漂亮。纺织品除了在北方比较干燥的地区出土的颜色比较鲜艳以外,在其他地区尤其是南方很多墓葬出土的,大部分都褪色严重,破损也比较厉害。我们刚开始看到的时候,也就是保护修复之前,是没有那么漂亮的,可以说是有一点儿难看的。

看起来其貌不扬的丝织品,甚至因为岁月太久,有些几乎已经碳化,变得非常脆弱。手捏得重一点,就容易变成粉末。除了残破以外,很多丝织品出土时,因为直接附着在尸体身上,有的还发霉、长毛,有结晶盐一块一块粘在上面。

中国丝绸博物馆文物修复师 楼淑琦:

清代纺织品文物,我们江浙一带出土的,味道是很大的。新疆出土的纺织品，相对来说，墓葬环境干燥，加之也是放在那边库房几十年了，情况稍微好一点。所以，我们这边很多修复人员都患有鼻炎。

纺织品修复，不同于其他文物修复。很多丝织品破损得非常严重，常常让人摸不着头脑。有的只有两个袖子，有的甚至只有领子，它们原来是什么款式？谁都不知道。修复师经常需要花几个月时间，从面料、残留款式、缝制工艺、色彩、破损情况等蛛丝马迹，来研究它的款式（形制）。

中国丝绸博物馆文物修复师 王淑娟：

甘肃省考古所收藏的一件甘肃花海毕家滩 26 号墓出土的练衫，只剩一个袖子和半个襟了。在我们修复之前，会对它先做一个形制的研究，这需要花费我们比较长的时间。我们要根据它所保存的相关的一些信息，来推测它以前的款式，即形制。如果保存的信息不足以确定它的形制的话，那么还需要去查阅相关的资料。比如同时期出土的一些衣服是什么款式的，或者同一个墓葬里面出土的另外一些跟它款式相似的衣服是什么样子的。结合这些资料，依据已出土文物所保存下来的线索，甚至一点点的蛛丝马迹，再推断它应该是什么形制的。在推断过程中，也会绘制相关的形制图，同时通过制作纸样来帮助我们验证推断的准确与否。

纸样确定以后，文物修复师一般会先按照纸样复原一件出来。修复室专门配置有显微镜，在真正开始修复前，修复师要通过它来了解织物的组织结构。修复室内的湿度要用恒湿系统来调节，还要配备专业的清洗台。

中国丝绸博物馆文物修复师 王淑娟：

我们把纺织品放在低压清洗台台面上，这个设备可以产生一种负压作用，如果有水的话，可以瞬间把水吸走，方便我们对文物的清洗。

有时,文物修复时使用的丝线也很难买到,要专门定制,甚至自己生产,然后染成和所修复的文物一致的颜色。绉丝纱是中国丝绸博物馆与浙江理工大学合作研发的一种修复用丝织物。很多较为糟朽的文物在修补时,都需要在上面覆盖一层绉丝纱,有的需要在背后也铺上一层绉丝纱。绉丝纱铺好以后,就是正式的缝补环节。修复时,楼淑琦要格外耐心,因为有时一个手掌大小的地方都要缝上百针。她手边经常摆着镊子、剪刀。修复用的针也非常特殊,有的针像头发丝一样细,有的针是弯头的,针孔细的只能用放大镜照才能看清。市场上买来的丝线有时太粗,就要把它劈开,柜子里还放满各种颜色的备用丝线。

中国丝绸博物馆文物修复师 楼淑琦:

难的就是铺针,铺针是显露在织物表面上的,如果缝得歪歪扭扭的就很不好看,要好看的话就需将织物调整得比较平挺规整,缝针行距、针距都要一样。新来的同事需要练很长时间,一般几个月都是在练这个针法。

福建黄昇墓是南宋宗室赵与骏与原配黄昇和续娶妻子李氏的合葬墓,黄昇身上所穿的绫罗绸缎和随葬衣服及零碎料子一件件整理下来,有 354 件之多,款式非常丰富,包括袍、衣、背心、裤、裙等 20 多个种类。一件深烟色牡丹花罗背心,只有 16.7 克,还不到半两,真实还原了南宋诗人陆游"举之若无,裁以为衣,真若烟雾"所表现的内容。

中国丝绸博物馆文物修复师 王淑娟:

福建黄昇墓出土过一件没有袖子的夹衣,类似马甲。这件衣服的修复,我们采用的是在织物的背面加衬材,局部表面覆绉丝纱的方法。

像黄昇墓出土的衣服一样,每年都有来自江西、内蒙古、新疆、西藏等省外的国宝来到这里,等待重生。西藏博物馆委托他们修复的一件唐卡,下面盘金绣的金线大部分都脱落了。修复师们要先把绣得松散的织物纱线理齐、加固,然后再把绣线回归原位。有时,修复一件复杂的丝织品,需要几个月、半年,或者更久。

中国丝绸博物馆文物修复师 王淑娟:

一件纺织品文物修好之后跟修复之前常常会有翻天覆地的变化,你会发现它从一堆残破碎布变成一件完整华丽的服饰,这个过程虽然艰辛,但当文物修好之后,修复师会特别有成就感和满足感。

从修复第一件龙袍,再到内蒙古的大袖袍,楼淑琦已经记不清自己到底修复了多少件丝织品。让她印象最深的,是一件来自新疆的精美罽袍。1980年,罗布泊铁板河三角洲出土了一具我国最古老、保存最完好的女性干尸,人们将这具 3800 多年前的女性干尸称为"楼兰美女"。几年后,在距楼兰古城约 200 公里的营盘遗址,发现一具可以和"楼兰美女"相媲美的男性干尸,被称为"营盘美男"。他面部覆盖着神秘的贴金面具,身穿华美罽袍,仿佛在木棺中睡着了,而这一睡,就是 1800 年。如何让"营盘美男"身上的"华服"重生,中国丝绸博物馆迎来了这个艰巨的任务。

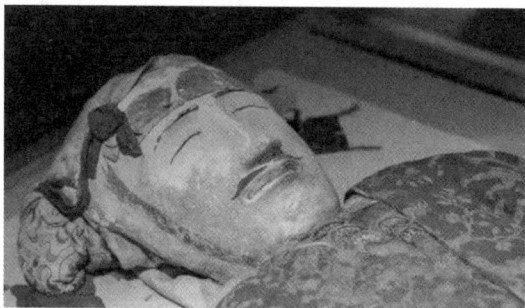

图 1-2　营盘美男

中国丝绸博物馆文物修复师 楼淑琦:

罽袍面料的材质是羊毛。因袍服污染严重需进行清洗,我们先捡取了一小块脱落的样品,做清洗试验,发现羊毛试样一入水,就松散不见了,像溶解了一样。后来改用有机溶剂清洗，大部分污染物才得以去除。清洗好以后才能开始修复。

楼淑琦一边清洗，一边挠头，因为衣服年代太久了，受损情况非常严重，连一个针脚、一根线头，她都不敢放过。只有越认真，才能越接近历史的真相。

中国丝绸博物馆文物修复师 楼淑琦：

有一天在清洗的时候，清洗好一部分以后，在领口那一处，发现了小小的一团织物。我奇怪这一堆是什么东西，就慢慢给它分离开，发现是一块 2 厘米宽、10 厘米长的织物，还有一根很细的线和衣物连着。因为我在清洁的时候，是比较细致的，如果动作稍微粗糙一点，可能这根线就断掉了。而因为这块织物正好连着前面部分，那我就可以确定了，这就是后领。确定了后领后，再确定了肩，再确定了整个后背的大小。修复有时也需要灵感，有的东西我今天想不起来，以后就没有了，灵感就没有了。

营盘和楼兰古城都湮灭在了时间的废墟中。"营盘美男"是谁？为何正值青壮年就默默葬身沙海？又是谁为他穿上华服？也许我们永远不知道答案，但楼淑琦的双手，可以让人跨越时空的长河，触碰遥远的历史。目前，中国丝绸博物馆已经拥有一支 20 人左右的修复队伍，先后修复了近千件珍贵纺织品文物，其中不乏类似"营盘美男"身上的罽袍这样的国宝级文物。王淑娟前几年修过敦煌的一件袍子，此袍在修复前碎成十几块，拿到她手里的时候，就是一堆残片。后经仔细研究确定形制后，终于修复完整。不过，目前仍然有许许多多的丝绸文物，等待着这些文物修复师来唤醒。

中国丝绸博物馆文物修复师 楼淑琦：

最让我心痛的，就是有些文物不能处于良好的保存状态，比如说看到脆弱的丝绸文物被叠放在盒子里面，我就特别心痛。

在中国丝绸博物馆的各个展区，陈列着一件件跨越了千百年的精美衣衫，沉淀着时光之美。而在这间修复室里，像楼淑琦、王淑娟这样的文物修复师，每天一针一线，修修补补，缝补起古老丝绸的历史。

丝绸之都：杭州丝事与丝人

导读：丝绸之都杭州，如何"衣被天下"？一代传奇都锦生，怎样织就西湖风景？玉皇山下，中国丝绸博物馆如何传承创新？

千里迢迢来杭州，半为西湖半为绸。人们向往杭州这座丝绸般秀美的城市，既钟情于"淡妆浓抹总相宜"的西子湖，也爱慕那色彩缤纷、优美华贵的丝织品。杭州是有名的"丝绸之府"，自汉代起，丝绸就远销国外，白居易的《杭州春望》里的"红袖织绫夸柿蒂，青旗沽酒趁梨花"，描写的就是杭州丝绸工艺的绝妙。"轻、薄、印、染、绣"，在一方丝帕里呈现得淋漓尽致。南宋定都杭州，改名临安，丝织业盛极一时，仅官营织锦院就有雇工数千、织机数百，私营纺机更是无数。明、清时期杭州也是官营织造的所在地，家庭小绸坊更是充盈大街小巷，有"日出万绸，衣被天下"的美誉。清康熙皇帝在《桑赋序》中写道："天下丝绸之供，皆在东南，而蚕桑之盛，唯此一区。"

杭州丝绸在历史上就非常有名，而且杭州丝绸生产的规模相当大。在历史上，一个地方的丝绸产业如何，跟官方很有关系。中国历朝历代的皇家，都在很多地方设有官营的各类作坊，丝绸作坊也在其中。最早的时候，在河南、山东、四川都有，到了明代，丝绸作坊基本上集中在江南。当时也有十多个重要的丝绸产地，但丝绸官营作坊主要还是在江浙一带。到了清代，丝绸作坊基本上就集中在江南三地，一个是南京，一个是苏州，一个是杭州。可以说，到了清代,从全国范围来看,杭州是生产丝绸的一个非常重要的地方。我们统计过,在清代的丝绸产地里面,丝绸产量杭州是最高的。

山道弯弯,溪水潺潺,这是我国第一幅丝织风景画《九溪十八涧》描绘的情景,它的创作人名叫都锦生,出生于杭州西湖畔茅家埠的一个书香门第。都锦生常常流连忘返地徘徊在西子湖畔,一个新奇的联想渐渐出现在他脑海中——像拓印碑文那样,将西湖风景照片织成珍贵的织锦。西湖风景的丝织工艺品初获成功,极大地鼓舞了都锦生。1928 年,都锦生又东渡日本取经,织成色彩艳丽、晴雨两用的西湖绸伞。这样不出几年,都锦生丝织品名扬海内外,被誉为"天上云霞,地上鲜花,中国工艺品中的一朵奇葩"。1937 年底,杭州沦陷。都锦生的名字被赫然登在伪政府官员名单中。忍受不了这样的奇耻大辱,都锦生离杭避难,侵华日军遂焚烧了都锦生丝织厂,不久之后,都锦生在悲愤交加中痛别人世,弥留之际遗言:"回杭州,魂归西湖安葬。"都锦生,他为锦而生,倾尽毕生精力,将西湖之美,跃然织锦之上。

图 1-3 《九溪十八涧》丝织风景画

其实都锦生这个品牌的出现,跟人有关系,而这个人的出现跟一个学校有关系,这个学校则跟许炳堃有关系。许炳堃当时留学日本,他看到了日本的提花机,而日本的提花机是从法国学来的。看到这个之后,他就在杭州创办了浙江省甲种工业学校机织专业,里面就设了提花机的课程。当时,在提花机实验工厂里面,有一个人叫都锦生,他开了一个作坊,后来就成为全国这一类织物的生产地。都锦生对整个杭州的丝绸业，做出了很大的贡献。他不但事业成功，又带领、资助了很多人，像常书鸿就是由他资助去法国里昂学习丝绸设计的。另一个很重要的人就是林启，他曾经当过杭州的地方官。林启创办了蚕学馆，更多是在养蚕这方面做出了贡献。许炳堃、林启都培养了很多杭州的蚕桑丝织专业的学生，使得这一块产业的规模越来越大。杭州当时的丝绸产业规模，从产业工人、丝绸厂家数字，以及培养的人才数量来说，在全国是首屈一指的。

2016 年 G20 杭州峰会开幕式上，国际货币基金组织总裁拉加德佩戴的一款优雅的蓝绿色长巾引人注目。丝巾有一个非常好听的名字"丝水柔情"。这是杭州丝绸企业万事利生产的一款丝巾。与万事利一样，乘着 G20 杭州峰会的东风，都锦生的织锦台毯和织锦靠垫、凯喜雅丝巾纷纷亮相世界舞台。华美绝伦的丝织品，在丹青黛秀的千丝万缕里，装满了江南风韵和杭州味道，是杭州送给世界的一份礼物。

参加 G20 峰会的客人来了，杭州提供什么样的有特色的纪念品给他们？大家都在寻找有杭州特色的产品。有很多的丝绸企业和设计师，都在这时候提出了很多的设想，而且提供了很多的产品。G20 峰会期间，杭州的丝绸企业里面，知名度非常高的万事利、都锦生都非常活跃。另外，全国最强的丝绸产业集团，应该是凯喜雅。我们丝绸博物馆和凯喜雅合作过一块丝巾，图案就是从丝绸博物馆所收藏的 19 世纪销往欧洲的一块丝巾上来的。原来丝巾是黑底上面加上白颜色的刺绣，是比较经典的苏绣，我们重新设计过之后做成彩色的，还有刺绣也做了改变，保留了苏绣的一轮一轮色彩过渡的特点，但是色彩和效果已经有很大的变化。所以丝绸在 G20 峰会当中，是有一个非常重要的亮相机会的，使得大家又重新看到，丝绸是中国的名片，一旦到了中国，或者说是到了浙江杭州，就会马上会联想到丝绸，丝绸是最佳的、最经典的名片。

西子湖畔、玉皇山下的中国丝绸博物馆，1987 年动工，1992 年正式对外开放，自开始筹建至今，筚路蓝缕三十载，中国丝绸博物馆已经成为国家一级博物馆和国内最大的集收藏、传承、展示于一体的纺织类专题博物馆。其间，博物馆陈列几经调整。2015 年 8 月，中国丝绸博物馆闭馆扩建，一年之后，它以崭新的面貌回归，扩建后馆区总建筑面积约 25000 平方米，置身其中，仿佛来到了丝的国度、绸的殿堂。

原来博物馆在大家心中就是一个古代文物的收藏地、展示地，但是中国丝绸博物馆，我们要慢慢地赋予它更多的含义。我们把自己的工作分成几个大块。一个是传统的丝绸文物，更多地跟丝绸之路相结合。因为很多丝绸文物，都是在"一带一路"的考古中发掘出来的。第二块是传统工艺。在 2008 年的时候，由我们牵头，全国的三个省五个市一起拿中国蚕桑丝织技艺申报联合国教科文组织的《人类非物质文化遗产代表作名录》，2009 年获得批准。我们把丝绸，特别是蚕桑丝织技艺作为我们中国传统优秀文化中一个非常重要的内容来做，这也是我们的任务。所以我们有蚕桑厅、织造厅，有非常强大的传统工艺的研究、传承、复原的团队。最后，博物馆也不光是进行历史和传统的保护和传承，很重要的一块工作是对当下时尚的服务。丝绸博物馆应该承担起中国时装博物馆的任务，收藏当下，即为了明天，收藏今天。

丝绸是杭州的三张金名片之一，浓缩了杭州的厚重历史和文化沉淀。丝绸的未来离不开技术的革新、设计的创新、品牌的塑造和政府的扶持，也离不开人才的培养。2017 年 10 月，全国首个高校丝绸博物馆在浙江理工大学落成，浙江理工大学的前身是我国第一所官办蚕丝学校"蚕学馆"。博物馆将成为助力国家"一带一路"倡议，激励万千丝织人才的载体。如今，丝绸这一古老的行业，借着"一带一路"的东风再次扬帆起航，丝绸也在与文化产业的结合中，塑造出新的可能。一根丝串起古今中外，一匹绸书写杭州历史。

青瓷篇

郑建明，考古专业博士，复旦大学教授、博士生导师，原浙江省文物考古研究所研究员。长期从事野外考古发掘与研究工作，专长为陶瓷考古研究。近几年主要承担瓷器起源研究重大课题，重点探索中国瓷器起源问题，先后发现多个瓷器发展过程中具有节点性的窑址，将中国瓷器的烧造历史上溯至夏代，同时初步建立从夏商至秦汉的中国瓷器起源的完整发展过程。2014年开始主要承担国家文物局越窑考古工作规划这一重点课题的实施，主持上林湖地区的越窑遗址考古发掘工作。

目前在《文物》《东南文化》等杂志发表论文60多篇，撰写并出版专著两部，主持撰写并出版大型考古报告三部，主编并出版论文集一部，主编并出版大型图录一部。另外，还参与编写了《古越瓷韵》等大型图录与考古报告。

窑火初起:探寻来自浙江的神秘瓷源

导读:吴越大地上,隐秘古窑再现天日,精美瓷器源于自然却超脱于自然。它唤起世界对神秘东方的好奇和探索,历经千载轮回,我们怎样寻获它诞生的足迹,揭开这沉寂千年的瓷源之谜?

散发着温润光泽的青瓷器,早在夏商时期就已经在浙江出现。2007 年以来,浙江考古部门对德清境内古窑址群进行大规模系统调查与重点挖掘,人们终于得以目睹 2500 多年前,那段失落的辉煌。出土的青瓷标本数以吨记,它们的烧造时间之早、质量之高,远远超过学者们过去的认识,让人重新审视远古中国的青瓷文明。那么,到底什么是瓷器呢? 这些神秘的瓷器又是如何产生的?

在真正的瓷器出现之前,有一个非常漫长的积淀的过程,这样一个发展阶段中的产物,我们叫原始瓷。它是瓷器的一个早期形态。严格意义上讲,原始瓷也是瓷器,但是它和瓷器比,在三个标准上都要相差一点,在指标上要求低一点。比如说它的烧成温度,会比成熟瓷器稍微低一点;在瓷土的处理上,会粗糙一点,里面杂质会更多,气孔比较多,吸水率比较高,这是在胎体方面。在施釉上,瓷器施釉非常均匀,非常光滑,而原始瓷就经常会不均匀,表面会有凝釉的现象,不光洁。所以跟成熟瓷器比起来,原始瓷就是一种处于原始状态的瓷器,或者在瓷器的早期发展阶段,处于相对不是很成熟的这样一种状态的瓷器,这是原始瓷和瓷器一个最大的区别。先秦时期的原始瓷,在浙江有两大窑址群。一个是萧山一带,发现了大概二三十处,主要是原始瓷和印纹硬陶合烧,产品相对来说比较一般。瓷器主要是各种日用器,如碗、盘等,还有大量合烧的印纹硬陶,时代相对会晚一点,大致从春秋中期开始一直延续到战国时期。还有一个,就是以德清为中心的东苕溪流域,也就是浙北地区,这一带到目前为止能够确定的窑址,大致有 140 多处。如果再加上萧山的窑址,那浙江的窑址数量就在一百六七十处。从全国的情况来看,浙江的窑址数量遥遥领先,从目前的考古资料来看,没有任何一个省份能够与之相较,浙江当之无愧成为中国原始瓷器的发源地。浙江的瓷器烧造,从夏商开始,历经西周、春秋,一直持续到战国时期,从未间断过。

东望上海,南接杭州,北靠太湖,西枕天目山麓,湖州市德清县不仅是水草丰美之地,也是历史悠久的鱼米之乡。早在上世纪三四十年代,日本学者就曾经来到德清的古窑址进行调查,有过记录。2003 年,在江苏无锡市郊区的后宅镇,一片大型的吴越贵族墓葬群鸿山墓群惊现于世,墓中共随葬各类器物1100 余件,大多为精美绝伦、成组成套的青瓷礼器、乐器和玉器,成为迄今为止江浙一带出土瓷器最多的一次,考古研究证明,其中的青瓷器均产自德清古窑址。2010 年,考古工作者又在浙江的东苕溪流域发现了一大批夏商时期的窑址,并入选当年全国六大考古发现。至此证明,浙江窑区从夏朝就开始出现窑址,历经西周、春秋,至战国时期,连绵不绝,基本不曾间断,是目前国内已知出现时间最早、持续时间最长、序列最完整的先秦时期窑址群。

以原始瓷窑址群为例,其主要是在以德清为中心的浙北东苕溪流域,这里的自然环境非常适合烧造瓷器。东苕溪在历史上实际上是非常有名的一条江,在《山海经》上就开始出现,它发源于天目山,流经余杭良渚地区,然后再往北流经德清,最后在湖州市区与西苕溪汇合,注入太湖。它的东面是一马平川的杭嘉湖平原,也就是太湖南岸平原,西面是天目山脉。东苕溪流经的德清和湖州南部地区,是西部的高山和东部的平原过渡的丘陵地带,这种丘陵地带非常适合烧造瓷器。换句话说,这里符合烧造瓷器的所有条件。首先,烧造瓷器需要瓷土,在这种丘陵地带就蕴藏着丰富的瓷土矿。除了瓷土,还要有燃料,我们浙江烧瓷器都是使用木柴，要木柴就要有山区，所以西部纵深的山脉，可以提供丰富的燃料，这是第二个条件。第三个条件，要具备修建龙窑的地形。从现有的考古材料来看，浙江烧造瓷器一开始就是使用龙窑。龙窑要依山而建，具有长条形的形状，这就需要有一定坡度的地形，这个坡度不能太缓，也不能太陡，斜度大概是十多度到二十度，而德清东苕溪沿岸的低山丘陵地带刚好可以提供修建龙窑的环境，这就是烧造瓷器的第三个条件——低山丘陵。第四个条件，要通水运。做瓷器需要的水是非常有限的，主要是运输需求较大。因为在古代，运输主要靠人挑和马车运。这样运量很少，同时马车会抖动，震动很大，古代路况也不好，所以在运输的过程中瓷器很容易碎掉。而水运的话，船不但运量很大，而且还很平稳，所以水运对瓷器来说是最重要的运输方式。东苕溪自南而北穿过这个窑区，提供了最重要的运输通道。东苕溪往北注入太湖，再越过太湖，就进入了苏南地区，这里也是吴越文化的一个核心分布区。镇江、南京、苏州，都是吴越文化的核心分布区，往南和东走，可以跨过钱塘江，这些区域都是河网密布的地区。跨过钱塘江和浙东运河相连，可以到达战国时候越国的中心——绍兴地区，所以这里的运输条件非常便利。这四个条件就构成了原始瓷烧造最好的环境，或者说必备的几个条件。但是全国具备这种烧造瓷器自然条件的地方很多，为什么在浙江会出现原始瓷器？为什么瓷器会在这里起源呢？

原始青瓷是越文化不可磨灭的印记，也是享誉世界的中国瓷器前身，从烧造伊始就承载着越人对身份地位的推崇和对皇权神权的敬仰。考古研究显示，鸿山墓葬群中出土的产自德清的整套编钟、磬、镈于、句鑃、缶等神秘的青瓷礼乐器，不是用来演奏的，而是用来给越国王室贵族陪葬的，以显示其尊贵超然的身份地位。它们不仅代表着当时青瓷制造的最佳工艺，也可称得上是中原文化和越文化的完美融合。历尽沧桑而依旧光芒耀眼的青瓷，正如世世代代生活在吴越大地上的人民，繁华退去后，留下最朴实无华却最富色彩的神韵，述说着一段通过原始瓷展现的江南文化往事。

　　究竟是什么东西在推动原始瓷的起源或者发展？我觉得就是江南水乡的文化因素。从某种意义上说，浙江在文化上的母亲河应该是东苕溪，也可以加上西苕溪。苕溪由东苕溪和西苕溪构成。东苕溪和西苕溪是在湖州汇合然后向北注入太湖的。从目前调查获得的考古材料来看，这一流域集中了浙江省90％以上的旧石器时代遗址，集中了到目前为止浙江境内或者太湖流域甚至整个东南区域序列最完整、文化发展层次最高的一个新石器时代文化序列。从马家浜文化到崧泽文化，再到良渚文化与钱山漾文化，进入与中原的龙山文化相当的历史时期又发展成马桥文化，这个序列非常完整，又非常辉煌。最近浙江在进行良渚文化的申遗，良渚文化的发展代表了中国5000年前文明的一个最高成就，或者说5000年前中国文明的最高成就就在这个地方。这个辉煌一直持续到马桥时期。在浙江，在马桥文化以前，或者在春秋战国的越国出现之前，它的政治文化中心一直集中在太湖南岸东苕溪流域，这个地区文化层次非常高。良渚文化时期最显赫的是玉器，这类似于中原地区夏商时候的青铜器，是最重要的身份和地位的象征。良渚文化大约在后期开始衰落，在钱山漾文化时期达到低谷，但是到马桥文化的时候开始再次出现了社会的复杂化进程。社会的复杂化进程需要有一种象征物，来象征成员的身份和地位，或者说来区分平民和首领，这个时候瓷器就开始出现。所以瓷器在这个功能上和玉器是一样的。良渚的玉器，或者其他时期的玉器，质量好不好主要看它够不够莹润，上好的玉器，就要莹润，要有光泽，要有润泽感，不是要玻璃的那种透，而是要有润泽感。瓷器也是一样的，一件好瓷器，就要有很莹润的这样一种感觉，而不是说很干枯，干枯的瓷器是很不好的。所以在审美上，瓷器和玉器是一样的，是在同一个物质文化传统中传承下来的。随着良渚文化的衰落，到了相当于夏商的时候，原来制造高质量的良渚玉器的玉料逐渐枯竭，这就需要找一个替代品，然后沿袭着这个文化传统继续往前发展。这个才是推动瓷器发展最重要的一个文化因素。

　　正因为江南水乡的这种文化心理和文化素质，所以瓷器成为了江南水乡最有代表性的一个文化符号。它代表的是一种莹润、柔和、唯美，又很坚韧，像水一样,水是具有极强的韧性的。它跟青铜文明不太一样,青铜文明代表的是北方草原上一马平川、气势磅礴的这样一种文明,所以它体现出来的是一种刚猛、威严、狰狞的文化表现形式,跟瓷器完全不一样。所以我觉得我们远远低估了瓷器的重要性,我们要把它上升到文明的高度来理解,就能更好地看到瓷器的价值。瓷器文明是一个在太湖地区、江南水乡自成体系的文明,这就是青瓷文明。这是一种柔和、唯美并且又坚韧、具有强大生命力的文明,实际上,这种文明的特质一直持续到现在。

越为禹后：战国原始瓷

导读:携一世芳华,温润如玉的战国青瓷,如何沉浸在千年前的吴越大地,将繁华写入太湖文明? 一时鼎盛的青瓷又代表着怎样的身份和地位? 在越文化的兴衰和延续中,青瓷的神秘面纱下究竟藏着什么样不为人知的秘密?

《吴越春秋》曾有记载:"禹三年服毕,哀民不得已,即天子之位。三载考功,五年政定。周行天下,归还大越。"传说在公元前 21 世纪,大禹治水成功后,舜将首领之位禅让给禹。大禹巡行天下,回到大越,登上会稽山会见四方诸侯,封有功,爵有德,死后就葬在这里。大禹死后,其子夏启破坏"禅让制",建立夏朝,传至帝少康时,为延续禹王陵的守护与祭祀工作,便封其庶子无余于会稽,号曰"於越"。因此便有了"越为禹后"的传说,认为越国其实是大禹的直系后裔。

越国灭了吴国以后,马上往北迁都,因为那个时候的政治文化中心在北方地区,想要融入中原,想被先进的文化所接受,那一定要融入中原地区。勾践在去世的时候，我理解他是在托孤，把越国的事业往下传的时候，他第一次说出"越为禹后"这样一个故事。越国作为江南的一个地方小国，它的经济文化水平当然都没法和中原比。中原地区历经夏、商、西周、春秋，发展出一套逐渐成熟的礼制。礼制实际上就是管理社会秩序的一套制度，这在当时是最好的一套制度，用来确定个人在社会中的等级和社会的一些秩序，令社会可以平稳地运转下去。所以他这个时候第一次提出了"越为禹后"，认为越国是大禹的后裔，也是"根正苗红"的，越国原来的祖先就是很文明的代表，不但是开化的，而且是开创者，所以他就可以顺理成章地照搬北方的这套礼制。在战国时期，在物质文化上，在瓷器的表现形式上，也就是原始瓷的面貌发生了根本性的变化。原始瓷也是在这时达到了鼎盛。

图 2-1　原始瓷

携一份清雅，于纷扰的纤尘里，独守一隅，那些精美绝伦的原始瓷，温润柔美的外表里藏着两千多年前越国多少纷纷扰扰、爱恨情仇。曾经被称为"於越"的越国，定都会稽，也就是现在的浙江绍兴市，公元前 473 年灭吴后，它的地盘扩展到了现在山东的东南部，当时的越王勾践也被称为"春秋五霸"之一。而原始青瓷作为越国文化的代表器物，发展自始至终伴随着越国的兴衰，被蒙上了一层神秘的面纱。

原始瓷从夏商的时候开始出现，开始出现的时候就是礼器，是礼制的重要表现形式，是身份和地位的一种象征物，不是给老百姓用的。我们现在能确定的出土原始瓷的遗址，像下菰城遗址、钱山漾遗址，都是比较大型的城址和遗址，但它们出土的原始瓷数量都很少。所以原始瓷一出现实际上就成为了礼器，具有地位和身份象征物的功能。但是一直在战国时期之前，这些原始瓷器，比如说商代的原始瓷器豆，西周时期的鼎、大型的尊，一直在仿青铜器，有类似于青铜器的器形。但是这些被仿的青铜器，比如说筒形器，还有跟青铜器比较相近的原始瓷的鼎、簋等，都是南方系统的产品。北方地区是没有这种青铜器造型的，这种纹饰、器形等，都是南方地区特有的，是江南地区的，跟中原的那种青铜器都完全不一样。青瓷文明是太湖地区的一个最基本的文明因素，它发展非常连贯，一脉相承，而我们在这个时候的南方青铜器上没有看到这种很连贯的东西。所以这就很难确定是谁仿谁，现在甚至可以认为，这批青铜器很有可能是仿原始瓷的。这些都是出自纯江南系统的，代表江南太湖流域的文化传统。而到了战国时，完全就不一样了。首先在器类上，战国之前的序列，一般只有日用器和礼器，礼器里面，也只是鼎、尊、簋、豆等器物，种类与器形并不多。到了战国的时候，器类一下子增加了，除了礼器以外，还出现了乐器、兵器、工具。乐器有编钟、镈于、磬、镈，还有句镭、缶等。青铜器里有的乐器，原始瓷里基本上都有了。并且，战国之前的瓷器，我们说它是礼器，但实际上都没有成组使用，或者是跟成组的中原地区青铜器相比，完全不一样，说明南方地区有自己的礼制。到了战国时期，原始瓷的礼器也好，乐器也好，都成组地出现，比如甬钟一组、镈于一组、句镭一组、编磬一组等等，说明这个时候文化上完全被中原礼制所同化了，同时原始瓷的礼器如鼎、盉、匜、尊、盘等，很多跟青铜器的器形都一模一样。还包括兵器、工具，比如兵器里面的原始瓷矛，这个不可能是实际使用的，完全是礼器化的一种东西。在工具里面有原始瓷锛、斧、凿、镰刀等，同样也是不具有功能性的。因此，战国时期原始瓷面貌发生了巨大的变化，它的文化背景就是"越为禹后"这个故事。就是从这个时候开始，越国开始系统地接受北方地区的礼制。

"九秋风露越窑开，夺得千峰翠色来。"翠色的青瓷从一出现便是权力和地

位的象征。青色象征生命的欣欣向荣、生生不息,古代帝王在春季一般都身着青色服装以示吉利,故而青瓷一直受到重视,一统江南的越国边界曾一度延伸到安徽、山东等地,用青瓷制作的礼器、乐器、兵器等依然较青铜器具有更高的身份象征意义,这与江南文化唯美的外表下透出的坚韧和强大是分不开的。

首先在心理上,越国人认为自己是大禹的后裔,就是中原地区流落在蛮夷地区的失落的子孙,这样就能在心理上比较无障碍地接受中原的一套礼制,然后再按照中原的那套礼制制作一批器物,因为礼制要有物化形态,也就是表现形式,即用器物来体现这套礼制,这样就开始制造仿中原器形的原始瓷器,但是在这个过程当中,江南地区文化的强大性又体现出来了,中原的礼器是用青铜器做的,而江南是用瓷器做的,这个是本质的区别,瓷的很多东西是不具有实用功能的,比如说原始瓷鼎。中原的鼎不但是列鼎,而且大的达到几百公斤重,它是钟鸣鼎食之家在仪式上使用的,而我们很多原始瓷器都很小,是没法实用的。还有编钟等乐器,实际上也是没法用的。因为青铜的乐器铸好以后是要校音的,不是铸好就直接能用的。而原始瓷上我们没发现校音的技术,因为它烧好器形就固定了,不像青铜器具有可塑性。所以,根据这个我们判定,原始瓷的乐器不是实用的。我们在生活的遗址里也发现了乐器,推测就是主人生前摆在庙堂里的,象征主人的身份和地位,并且在使用上等级分明。比如越王可以用多少套,可以有多少甬钟,用多少鼎,下面的诸侯可以用多少,再下面的大夫又可以用多少,应该是生前陈设并死后随葬的这样一种东西。文化的坚韧性就在这里体现出来了,我仿你的礼制,我仿你青铜器的做法,但是我还是用我的瓷器。越国做不起青铜的礼器吗?不是的,越国在勾践的时候几乎统一了东南地区,统治区域相当于现在的浙江、江苏、安徽的一部分,还包括山东的一部分。这个区域里面有很多小国家,比如说淮阴高庄地区的战国墓,就出土了很多青铜器,这些小国家,相当于越国的附庸,这些小国家的诸侯都有能力使用青铜器,难道作为宗主国的越国,春秋霸主之一的勾践会用不起青铜器吗?我觉得这个时候,不用青铜器就是一个强大的心理,或者说是文化特性的体现。

中国古代历来具有尚玉器之风，帝王用之以示天意，君子佩戴表示品德高尚，俗人戴上可以附庸风雅，而青瓷的釉色和质感正好与玉器相吻合，因此受到人们的青睐。越国在勾践及以后两三代王的战国早期，制作了大量高质量仿青铜礼器与乐器的青瓷，这些器物造型丰富、质量高超、制作精美、装饰华丽。而到了战国中期以后，随着越国的衰落，原始瓷的生产亦进入了衰退期，"越为禹后"的出现铸就了战国这次原始瓷的巨大兴盛，成就了中国制瓷史上的第一个高峰。

支撑战国原始瓷烧造的，不光是技术和经济的因素，跟后面的商品经济时代，市场需求什么就烧什么的情况不太一样。支撑原始瓷烧造的主要是越国的国力，在越国最强大的时候，它烧造得最好。越国北上争霸的时候它的原始瓷烧造得最好，数量最多，装饰最复杂，器形非常庞大，种类也最齐全。到了战国中期，越国开始衰落的时候，原始瓷的器形开始变小，种类也开始减少，质量也开始下降。到了战国晚期的时候，很多器物严重变形得都已经没法看了。比如说兽面鼎，战国早期的时候做得非常具象，非常精致，然后一步一步衰退，到战国晚期的时候，那个鼓起来的兽面，变成了 Y 形。实际上，这些器具的很多功能我们都已经不了解了，最有代表性的是镂空瓶，镂空瓶在战国早期做得很大，我觉得是庙堂用的一种香薰，到战国晚期的时候，已经演变成不镂空了，所以它已经没有实用功能了。或者说这个社会的上层，到了战国晚期，已经不知道从战国早期延续下来的这些器物的礼制化功能了，只是沿着惯性制作罢了。所以支撑战国原始瓷发展的，主要是越国的国力，而不是技术和经济因素。"越为禹后"为战国这次原始瓷的兴盛及中国制瓷史上第一个高峰的出现提供了非常重要的心理支持。

秘色探秘:越窑秘色瓷的前世今生

导读:一桩千古谜案的破解,举世瞩目,掀起了人们对越窑遗址的再度关注。穿越千年的秘色瓷器,美轮美奂的外表下究竟藏着怎样的神秘传说?这种只有皇室成员才能使用的瓷器,秘而不宣的制作工艺背后真相又是什么?

秘色瓷在陶瓷史上实际上是一个千年悬案,最早提到秘色瓷这个概念的,应该是唐代。晚唐时期诗人陆龟蒙,他写过一句诗就是描写这个秘色瓷的,那首诗叫《秘色越器》,里面有一个词叫"千峰翠色",这个"千峰翠色"现在几乎成了描述秘色瓷一个非常经典的或者必备的概念。再稍晚一点,就是五代早期的时候,在徐夤的《贡余秘色茶盏》里面,有"陶成先得贡吾君"这样一句。也就是说,瓷器烧好以后,首先得进贡给皇上,这是文献中第一次出现贡瓷的思想。也就是在五代早期左右,出现了贡瓷的思想。

唐代诗人陆龟蒙的《秘色越器》中曾这样描述一种神秘的瓷器:"九秋风露越窑开,夺得千峰翠色来。好向中宵盛沆瀣,共嵇中散斗遗杯。"之后的徐夤在《贡余秘色茶盏》中说:"捩翠融青瑞色新,陶成先得贡吾君。巧剜明月染春水,轻旋薄冰盛绿云。"这便是关于秘色瓷最早的文献记录了。故从此推断,唐咸通年间肯定已有秘色瓷了。五代时的吴越国进贡梁、唐、晋、汉、周的瓷器中,就应该有秘色瓷。秘色瓷因胎质与釉色的高品质而成为贡品。从晚唐延续到五代,一直都用来进贡宫廷的,成为了皇家生活中的珍物。除了皇室成员,任何人都无权享用。

宋代以后就出现了比较多的关于秘色瓷的文献了，基本上指的是同一个概念。什么是秘色瓷？那个时候钱镠建立了吴越国，或者说割据江东，宁绍平原越州烧造的贡奉之物，就是进贡给皇帝的，臣庶不得用的瓷器，叫秘色瓷。在宋代有很多的文献，像《嘉泰会稽志》，还有一些宋人的笔记里，秘色瓷基本上都是这个概念，可以说是众口一词的，讲秘色瓷就是贡瓷。这样一个思想，是从五代延续下来的。明清基本延续宋人的传说，到了现代也得到了很多学者的承认，秘色瓷就是越窑进贡的最高等级的青瓷器。我们再来看"秘色"这两个字的意思，"秘"很多人觉得是秘密或者神秘的意思，认为秘色瓷是很神秘的一种瓷器，我觉得不是的，秘应该是跟贡御有关系，跟皇帝有关系，就是一种比较珍贵的、宝贵的意思。色不是颜色的意思，应该与现在我们还在用的"各色人等""清一色"意义相同，"各色人等"中的"色"是种类的意思。所以秘色瓷连在一起用，就是珍贵等级的青瓷器。

北宋时期，赵令畤在《侯鲭录》中写道："今之秘色瓷器，世言钱氏有国，越州烧进，为供奉之物，臣庶不得用之，故云秘色。"便将秘色瓷的含义说得直白明了。然而，因其珍贵，与寻常百姓家无缘。要烧成这种瓷器，必须使用一种秘密配方。可是不知从何时起，这种秘密配方和神秘瓷器就一同消失了。随着兵变战乱、王朝更迭与时间流逝，宋代秘色瓷衰落后便再也没有人亲眼见过秘色瓷的烧造。一千多年来秘色瓷的实物竟被人们遗忘，秘色瓷只闻其名不见其形，更增添了一丝神秘色彩。

秘色瓷烧造这个工艺非常讲究，我们这两年一直在寻找秘色瓷的产地。从 2015 年到 2017 年，我们持续在上林湖地区发掘，主要是在上林湖后司岙窑址发掘，可以说基本上解决了秘色瓷的产地问题、秘色瓷的烧造问题和秘色瓷产品面貌的问题。基本上可以确定，我们看到的，包括晚唐法门寺地宫、五代吴越国钱氏家族墓葬中出土的秘色瓷，主要就是以后司岙为核心的窑场烧造的一些瓷器。

　　1987 年 4 月,位于陕西省扶风县的法门寺发现了唐代佛塔地宫,地宫里的石碑上明确地记载了其中的宝物:"瓷秘色椀(碗)七口,内二口银棱;瓷秘色盘子、叠(碟)子共六枚。"之后,专家们在地宫中室的银香炉之下已经腐朽的木箱子里发现了一堆碗和碟子,经过核实与考证,它们就是消失世间,千百年来令世人苦苦寻觅的秘色瓷!此后,浙江临安的吴越国王族墓地以及广州、长沙等曾是五代十国时期割据政权国都的城市,乃至北方的辽代皇陵都出土了"秘色瓷"。这些事引起极大的轰动,引发了研究秘色瓷的热潮。那么秘色瓷的品质与窑址出产的具体情况究竟是怎样的?什么样的瓷器才能称之为秘色瓷呢?

　　秘色瓷长什么样是千年悬案,实际上,之前我们对它的面貌是不了解的,什么是秘色瓷我们是不知道的,而法门寺解决了这个问题。法门寺是唐代的宫廷寺庙,地位很高,它供奉的是佛指舍利,但到武则天以后,唐朝的皇帝基本上就不到法门寺去礼佛了,而是把佛指舍利请到宫里去,供养一个月或者一段时间,然后再送回法门寺的地宫里。它每次送回去的时候,会放很多供养物,按照我们老百姓说的,就是放很多金银财宝进去。这个还不是最重要的,地宫最重要的或者最关键的是,在几次放重要的供养物的时候,会有一个账册,叫作衣物账,就是这样一个账册,跟秘色瓷发生了关系,对秘色瓷问题的解决起决定性作用的,就是上面提到的那一行小字。这样就基本解决了什么瓷器是秘色瓷的基本问题。

　　秘色瓷的烧造里面有一个非常特殊的技术,就是使用瓷质匣钵。瓷器放在匣钵里面烧造主要有两个诉求,一个是增加装烧量,还有一个是可以提高质量,直接暴露在火里面烧的话,因为火是具有流动性的,很多杂质会上来,杂质上来的话会影响瓷器的质量,而使用匣钵的话,就可以避免落渣、沾染窑灰,所以它可以提高产品的质量。秘色瓷使用的是瓷质匣钵,那就更讲究了,这种匣钵的胎跟瓷胎是一样的。我们看到的很多越窑的青瓷,黄乎乎的,就是因为它有比较多的氧气进去，氧化了之后形成了现在我们看到的这种面目。而这种秘色瓷放在瓷质匣钵里，瓷质匣钵胎质很细，空气进不去，匣钵和匣钵之间又是用釉封口的，即涂了一层像胶水一样的釉，冷却后这个釉就凝结了。凝结了以后，外面的空气就进不去，在匣钵里面就形成一种缺氧的强还原气氛，而这种强还原气氛就是烧造秘色瓷一个必备的条件。但是这个瓷质匣钵用釉封口的技术会带来很大的问题，匣钵和匣钵之间等于是用胶水粘牢了，要取出里面的这件东西，就要把这个匣钵打碎了，可是烧这样一件要比瓷器本身大得多的匣钵，要用多于这件瓷器几倍的瓷土量，所以它的制作成本就极大地提高了。普通匣钵都是多次重复使用，而瓷质匣钵是一次性的。所以秘色瓷的烧造真正是不计工本的，成本非常高，瓷土资源的消耗量也非常高，这是秘色瓷贵重最重要的一个技术因素。

2015 年 10 月到 2017 年 1 月，浙江省文物考古研究所等对浙江慈溪上林湖中心区域的后司岙窑址进行了考古发掘，出土了丰富的晚唐五代时期越窑瓷器精品，其中相当一部分器物与法门寺出土的秘色瓷相同。这意味着后司岙窑址就是秘色瓷的最重要产地。后司岙的发现，极大丰富了我们对已有秘色瓷种类的认知，告诉了我们部分秘色瓷可能的烧造地点以及烧造方式。

将上林湖后司岙出土的秘色瓷和普通青瓷对比来看，秘色瓷跟普通青瓷还是有许多不一样的地方。第一，秘色瓷的胎比普通的青瓷更加白和细腻，说明使用的瓷土质量更好，淘洗的技术也更好。第二，是在成形上制作更加考究。第三，是施釉更加均匀。第四，是釉色不一样，呈一种以天青色为主的色调，我们称这种釉色为天青色，更加均匀，更加莹润。第五，秘色瓷一般是单件烧的，但是偶尔也有一些，比如说碗类的是多件合烧，一个匣钵放多件，但放在下面的几件不是秘色瓷，上面这件保证质量最好的是秘色瓷。我们发现这种多件合烧的，虽然是一个匣钵里面烧出来的，温度也一样，气氛也一样，所有的烧造条件都一样，但是表现出来的形式就完全不一样，只能说明它的配方是不一样的。所以秘色瓷的烧造是非常讲究的。

"姿如圭璧，色如烟岚"或"类冰如玉"，古人用最美好的比喻来形容秘色瓷的釉色和器质之美。秘色瓷代表着当时制瓷工艺的最高成就，是越窑青瓷中的精华与极致。在漫漫的时间长河中，人们只能在古籍的只言片语中揣想它的神韵。但秘色瓷除了因成为贡品而被赋予了神秘的色彩，从制瓷史上来看，它的烧造技术依然是制瓷技术上的一个巨大突破，为青瓷的优劣制定了一个评判标准。

秘色瓷不光是当时最高等级的青瓷器，它实际上在制瓷技术上也是个巨大的突破。首先，普通的越窑青瓷和秘色瓷相比，质量就完全不一样。普通青瓷釉色很黄，而秘色瓷则很莹润，是天青色的，这在制瓷技术上是一个巨大的突破。其次，秘色瓷实际上制定了一个标准，就是什么样是最高等级的青瓷的标准，即什么样的青瓷是好看的。秘色瓷影响到汝窑，影响到龙泉窑，影响到南宋官窑，影响到高丽青瓷。有文献称汝窑好的东西也叫秘色瓷，高丽青瓷为高丽秘色，龙泉青瓷有一批好的粉青，蒋祈在《陶记》里直接就称之为龙泉青秘，即龙泉青色的秘色瓷。汝窑的天青色、龙泉的粉青、南宋官窑的粉青，实际上这些色调，或者这些釉色的基本格调，都是与秘色瓷接近的，这是由秘色瓷奠定的审美标准，秘色瓷确立了最高等级或者宫廷用瓷的官窑系列的青瓷的标准。后来的别的青瓷系偏离了这个色调，就都不好看了，所以我们说秘色瓷代表了官窑系列青瓷器的技术标准，之后的官窑制品都是在这个基础上派生出来，或者发展起来的。还有就是秘色瓷代表了当时最高的制瓷水平。现在我们大家都在讲的大国工匠，不是谁都可以当这个大国工匠的，农村人给自己家里修修房子、做做家具，很多人的手艺也很好，但这个不是大国工匠，只有代表了这个国家当时最高的技术水平的才叫大国工匠。制造秘色瓷的工匠就处于这样的水平。越窑在上林湖地区，在慈溪地区，但越窑不是慈溪的窑，而是坐落在慈溪的一个国家级水平的窑场，甚至一个世界级水平的窑场。它代表的是当时最高的制瓷水平，这个制瓷水平，特别是在青瓷方面，没有任何一个窑场可以跟它相比，越窑青瓷在上林湖地区很多，似乎很普遍，但出了上林湖，出了浙江，就很少能看到了，这种青瓷产品的质量是没有一个其他地方可以达到的。包括它的生产规模，越窑在唐代的生产规模，也是没有一个地方可以比的。所以我们说秘色瓷推动了制瓷技术的发展，开创了制瓷史上一个全新的时代。

天下龙泉：顶峰之作再造青瓷盛世

导读：晶莹如玉的粉青釉和梅子青釉，巅峰的龙泉青瓷烧造的秘密究竟是什么？龙泉青瓷和秘色瓷之间又有什么样的关系？享誉世界的龙泉青瓷，又是如何从北宋时便开始对外输出的？

龙泉窑是中国最后形成的、规模最大的一个名窑，是青瓷窑业的集大成者，它的核心分布区是龙泉市，是在一座深山里边。龙泉瓷的烧造环境跟前面提到过的原始瓷、上虞地区的早期越窑青瓷，还有上林湖地区唐宋时期的越窑青瓷一样，都是有山有水、有大河通过的地方。龙泉地区的大河是瓯江，这里位于瓯江的上游地区。但是跟其他三个地方相比又有一定的区别，其中最大的区别是，前面这些地方差不多都是丘陵地带，而龙泉的山更深更高。因为后来龙泉窑的规模更大了，比上林湖都不知道要大多少，所以它的瓷土、燃料资源消耗就更厉害，这个不是一般的地区能支撑的。我刚开始到龙泉去的时候百思不得其解，这么大一个窑场为什么放在交通这么不方便的地方，就是现在，我们到龙泉去还是很不方便。后来我想明白了，还是资源问题。它这么大的规模，只有龙泉地区才能支撑它发展。青瓷窑业的集大成者龙泉窑的形成就是这样一个过程。

　　龙泉位于浙江省西南部，自古人文昌盛，旧为"浙东文献之邦"，龙泉窑以烧制青瓷闻名，一直是中国历史上的名窑，为宋代六大窑系之一。它开创于三国两晋，式微于清代，重新繁荣于当代。它生产瓷器的历史长达 1600 多年，是中国制瓷历史上延续时间最长的一个瓷窑系，它的产品畅销于亚洲、非洲、欧洲的许多国家和地区，影响十分深远。早在南北朝时期，龙泉人就已经利用当地的自然条件开始烧制青瓷，到了宋代，青瓷的烧制技艺达到巅峰。成系统的龙泉窑从北宋早中期一直延续到明清时期，序列完整、产品种类丰富、产品质量高超。龙泉青瓷是历代青瓷产品的杰出代表，是非常具有中国特色的传统瓷器珍品。

　　龙泉窑的技术起源可以分为两个大的环节：一个是它本身窑业的起源，还有一个是龙泉窑最有特色的乳浊釉的起源。从目前的考古材料来看，龙泉窑最早的窑大概建立在唐代之前的南北朝时期，本地区出土过一些器物，有学者认为是本地烧造的。但是唐代的窑都非常零星，比如说黄坛窑址、吕步坑窑址。这些窑址规模非常小，产品质量也很差，我觉得这个时期还归不到系统的龙泉窑历史里面。龙泉窑系统地出现是在北宋早中期，以淡青釉的产品为代表。这个时候的产品，在文化面貌上跟越窑就非常接近了，包括它的器形、胎釉特征、装饰以及装烧工艺等。所以我觉得，早期的龙泉窑应该是越窑的窑工过去烧造的，否则它不会仿得这么像，连装饰的细节、装烧的垫圈，都是一模一样的。因此，从严格意义上讲，早期的龙泉窑是越窑的一个地方类型，只是它用的瓷土不一样，龙泉窑的瓷土可能比较白，它烧出来器物的釉色就比较浅，所以早期的龙泉窑我们叫它淡青釉产品。整个北宋早中期龙泉都烧透明釉，这是它最早的发展阶段。但是我们大家都知道，龙泉窑是以粉青厚釉为特色的，讲到龙泉窑，我们首先想到的是这批技术。这批技术来自于汝窑，是汝窑的一种窑业技术，是乳浊釉的。汝窑是北宋晚期创烧的一个窑场，生产乳浊釉产品。它的产品跟我们越窑的最大的一个区别是：越窑产品是薄的透明釉，汝窑的这种技术烧造的产品是厚的、不透明的、乳浊化的釉。北宋灭亡以后，因为汝窑是跟官方有关系的，肯定有一批窑工南迁，在南迁的过程中，这批窑工可能有两个去向，一批是到了越窑地区，因为相对来说越窑地区环境好，交通也便利，官方文献也记载了他们在那里烧过一批低岭土类型的祭器给宫廷；还有一批窑工，原来我们都没有认识到的，通过在大窑地区绍兴十三年（1143）这个地层的发现，我们认为他们到达了龙泉地区，当时汝窑的技术也差不多同时传到了越窑地区和龙泉地区。

宋代庄季裕的《鸡肋编》中曾写道："处州龙泉县……又出青瓷器，谓之秘色，钱氏所贡，盖取于此。"也就是说，当时吴越国进贡中原王朝的秘色瓷已有大量是从龙泉征集的了。其中的"哥窑"与"弟窑"更是因其特色被称赞。哥、弟窑之说来自明人记载，但是否真有兄弟二人，已无可考。然而龙泉窑的确形成了两种不同的烧制方法。在南宋中晚期出现了一类黑胎开片瓷器，即所谓哥窑瓷，与著名的官、汝、定、钧并称为宋代五大名窑，特点是"胎薄如纸，釉厚如玉，釉面布满纹片，紫口铁足，胎色灰黑"。另一类胎白釉青，釉色以粉青、梅子青为最，豆青次之，即所指的弟窑，被誉为民窑之巨擘。青翠的釉色，配以橙红底足或露胎图形，产生赏心悦目的视觉效果。

实际上，哥窑的瓷器也跟秘色瓷一样，是个千年悬案。我们现在可以说秘色瓷问题通过后司岙窑址的发掘基本解决了，但是关于哥窑的问题，尽管我们这两年也持续在探索，但仍是学术史上或陶瓷史上一个很重要的悬案。绍兴十三年生产乳浊釉的这个窑址，因为我们试掘的范围非常小，我们不能确定有没有黑胎青瓷，所以我不敢说这个时候有没有出现，但稍晚一点的地层里一定有出现黑胎青瓷。龙泉黑胎青瓷即是所谓的哥窑青瓷，原先认为是仿南宋官窑的，这一提法有两个前提条件，一个是龙泉黑胎青瓷仅在南宋晚期出现，另外一个是只有薄胎厚釉这一种青瓷产品，目前这两个条件都已经被推翻了，那这批东西的来源就值得思考了。从现在龙泉地区生产黑胎青瓷的这批窑址面貌的复杂性、时代的跨越性来看，我认为黑胎青瓷很有可能是在龙泉地区发展起来的，至于跟南宋官窑的关系，很有可能不是它仿南宋官窑，而是反过来，南宋官窑仿的龙泉窑。

质如玉、亮如镜、声如磬，龙泉青瓷以其釉色青如玉而被誉为瓷苑的一颗明珠，受到世界各国青瓷爱好者喜爱。龙泉窑瓷在北宋时就开始对外输出至菲律宾、马来西亚、日本等国，南宋中期外销更是频繁。明代龙泉青瓷传入欧洲，备受青睐，身价不菲。多年来，世界各地陆续发现了许多古代龙泉青瓷，世界众多博物馆都收藏有龙泉青瓷，并被视为珍品，龙泉青瓷在世界各地享有很高的声誉。珍品哥窑 61 厘米迎宾盘、52 厘米挂盘被誉为当代国宝，七寸精嵌哥窑艺术挂盘也被国务院定为国家级礼品。哥窑紫光盘、紫光瓶等 51 件珍品被中南海紫光阁收藏，送展 30 多个国际博览会，为国家领导人出国访问提供礼品，且被世界各大博物馆收藏。

龙泉窑也跟越窑一样，它不是龙泉的窑，而是坐落在龙泉地区的一个全国性的甚至是世界性的窑场，它以粉青厚釉青瓷最具有代表性，包括黑胎和白胎两种产品，是在南方和北方窑业互相交融，官窑和民窑制瓷技术互相影响下出现的中国青瓷的最后一个庞大窑场，也是中国青瓷制作技术的集大成地。因为龙泉窑的生产规模非常大，所以它的产品的分布非常广，是输出海外产品中最重要的，我们从海外的沉船情况来看，有多艘沉船中，都发现了龙泉窑青瓷，比如说福建地区的大练岛沉船，著名的南宋的"南海一号"沉船，都发现了龙泉窑青瓷，还有韩国的新安沉船，那里发现的龙泉窑产品数量多、质量好，是到目前为止最多最好的，总共发现了一万多件龙泉窑青瓷，当然，它主要是元代的。那批产品的质量非常好，有很多粉青厚釉的产品，这是目前在海外发现的最重要的沉船。由此可见我们龙泉窑的对外影响力有多少大，产品规模有多大。

浙江青瓷："一带一路"上的文化金名片

导读：那些散落在古沉船上的绝美青瓷，那些在古代丝绸之路沿岸国家出土的越窑青瓷，究竟曾经担负着怎样的文化使命？烧制千年，又风流千年的浙江青瓷，如何从复苏到复兴，成为"一带一路"上的文化瑰宝？这些沉淀了厚重人文因素的艺术珍品，又该肩负着怎样的责任和使命，扬帆远航，走遍世界？

我们陶瓷学界一般称海上丝绸之路为陶瓷之路。浙江的青瓷和海上丝绸之路应该有非常紧密的关系，首先青瓷输出的历史就非常悠久，我们一般只讲对外输出而不讲贸易。贸易主要是后来的这种瓷器交换行为。瓷器的对外输出有很多种原因，一个是政治上的原因，有赏赐的，比如说古代中国很多附属国，像早期的日本、朝鲜、东南亚一带的国家跑到中国来，承认中国是它的宗主国，于是中国就给它很多赏赐，包括很多瓷器。还有一个是文化上的交流，比如说一些僧人的来往，带回去的就是具有文化性质的瓷器了。贸易瓷只是一部分而已，在文化的交流上，这几个方面应该扮演了更重要的角色，所以这是一个概念上的问题。浙江青瓷对外输出的历史非常悠久，最早可以追溯到三国两晋时期。

春风大雅能容物，秋水文章不染尘。造型别致、古色古香、纹饰独特的浙江青瓷，具有自成风骨的内涵，是"一带一路"中对外输出的最大宗商品，在海上对外交往中扮演了重要角色。作为历史记忆和文化符号的越窑青瓷，在与各国的互通中，发挥着重要作用。宁波古称明州，是古代海上丝绸之路的重要始发港之一，而发祥于慈溪上林湖的越窑青瓷是这条丝绸之路贸易繁荣的主要标志，在服务"一带一路"、建设"21 世纪海上丝绸之路"中，有着特殊的意义。

　　上虞生产的早期越窑青瓷器,我们现在是在朝鲜半岛上发现的。特别是到了东晋的时候对外输出数量就已经比较多了,这个应该主要是通过海路去的。朝鲜半岛的百济地区跟我们的南朝政权关系非常紧密。朝鲜半岛那个时候分裂成三个政权,百济受到北方政权的强大压力,它希望能够得到中国政权的承认和支持,所以百济这个政权与南朝的关系非常紧密,每次新皇帝即位了,就会派人到中国来寻求册封,然后会带回去一些赏赐的东西。在百济地区出现的这些青瓷器质量非常高,数量相对来说也是比较大的,有越窑青瓷,有德清窑的黑瓷。这是最早的一种对外输出形式,但是这是在三国两晋时期。实际上浙江瓷器的对外输出历史可以追溯到更早之前的先秦时期,因为先秦时期中国本身就不统一,我们江南地区应该有自己的政权,有自己的政治体。在当时的条件下,对江南地区的国家而言中原地区就是国外,原始瓷除了在我们环太湖地区发现以外,还在中原地区的一些最高等级的墓葬中发现。根据《尚书·禹贡》记载的资料整理,当时瓷器的输出路线是这样的:从太湖一带出海,沿着海路可以到淮河流域,再沿淮河进到中原地区。这一段沿海路线使用的时间非常早,到了三国两晋的时候,原来是沿淮河往西去,到了中原腹地,往东一折就可以到朝鲜半岛,所以这条海路的开发可以追溯到先秦。到了六朝的时候则真正地开始输出到了现在的中国版图之外,这是早期海上丝路的情况。

　　浙江瓷器真正地开始大规模输出要到唐宋的越窑时期,这个有两个证据。一个是沉船的证据,我们在非常有名的黑石号沉船上面,发现了大量的瓷器,除了有长沙窑、邢窑的,也有浙江越窑的青瓷器,数量还是不少的。然后有一条五代时期的印潭沉船,青瓷的数量就明显增加了,但还不占主体地位。越窑青瓷发现最多的一条沉船是印尼的井里汶沉船,根据现在公布的材料,大概是十多万件,是非常吓人的一个数字。但是根据北京大学秦大树教授的介绍,因为当时这是私人公司打捞的,很多不好器物就被扔回去了,他说有二三十万件,这是一个更庞大的数字。从这三条沉船上明显可以看到浙江瓷器对外输出的发展历程:唐代开始有比较多的输出,五代的时候进一步增加,北宋时期量就更大了。

图 2-2　龙泉青瓷

回顾历史，越窑青瓷在三国两晋时期就已经走遍世界的各个角落，成为帝王之间交换的最高层次的礼品之一。唐宋时期不论是通过海上丝绸之路还是陆上丝绸之路，都曾广泛而深远地影响着世界。那时的越窑青瓷是名副其实的奢侈品，皇家的珍品，文人墨客的雅玩。世界陶瓷文明的繁荣，都是从越窑青瓷开始的。如今再度复兴的越窑青瓷，依然将中与外、古与今的精华工艺巧妙结合，把古老的越窑青瓷艺术延伸到高雅清幽的艺术境界。

上面说过的三条沉船都是在南海以及东南亚一带发现的，但是这个时候越窑的青瓷输出已经非常广泛了，除了朝鲜半岛，日本也非常多，再往南到东南亚一带的菲律宾、越南，再往西南到南亚的斯里兰卡、印度，再过去就到了西亚、非洲，现在发现青瓷最远的一个地方是肯尼亚和北非的埃及。最著名的一个遗址是埃及的福斯塔特遗址，里面出土了比较多的越窑青瓷，年代从唐代开始一直持续到宋代。越窑青瓷的输出几乎遍及了苏伊士运河开通前当时的航海条件下能够达到的所有从东北亚到北非、东非的地区。越窑青瓷种类的分布跟窑址的兴衰也息息相关。黑石号是唐代晚期的船，越窑就是唐代中晚期开始兴起的；然后到了北宋中期的时候，就是相当于井里汶沉船时期，越窑产品的输出数量有一个爆炸式的增长，从几千件一下增长到几十万件。根据文献的记载，宋代管理海外贸易的机构叫市舶司，全国总共有七个市舶司，有五个设在浙江周边,特别是明州的市舶司,有很明确的文献记载,就是管理到日本、朝鲜半岛去的物品的。

龙泉窑是中国名窑,一直在海上丝绸之路中扮演重要角色,自宋代开始,直至明代,龙泉窑烧制的精品瓷器一直作为最大宗的商品,通过陆路和海路出口到亚非欧三大洲的 50 多个国家,成为中国与世界各国沟通联系的"友谊使者"。2016 年 3 月,国家文物局正式明确了 31 处"海丝"申遗首批遗产点,"龙泉窑大窑—金村遗址"位列其中。2017 年,在"一带一路"国际合作高峰论坛的领导人圆桌峰会上,龙泉青瓷再次化身友谊使者,展现在参加会议的各国政要面前,见证着这一重要的历史时刻。

浙江瓷器的第二个高峰就是龙泉青瓷,我们有一句话叫"天下龙泉",特别是元明时期,它当时的影响力覆盖了所有越窑产品输出的区域,也到了北非,分布区域较之前更加广泛。当时东南亚、北非、东非大一点的遗址,特别是港口遗址几乎都出土过龙泉青瓷,还有在这个时候的沉船上,也出了大量的,特别是高质量的青瓷器,比如说韩国发现的新安沉船,上面出了一万多件龙泉窑青瓷器,品质非常好。韩国国立中央博物馆的馆长说原来收藏中国瓷器的主要国家不是韩国,但新安沉船打捞了以后,韩国就变成了中国瓷器收藏得最多的国家之一了。还有一个是技术的输出,这首先是在国内,迅速跨越出龙泉地区,沿着瓯江而下,最远到了广东,形成了一个庞大的窑址群。然后进一步向国外辐射,在国外,龙泉窑的制瓷技术已经辐射到了东南亚地区,比如说越南、泰国、柬埔寨,很多窑厂生产的青瓷,如果不看底与细节,光看它的胎釉,几乎分不出来是龙泉生产的还是东南亚当地生产的,学得非常像。还有文献记载,曾经东南亚一些国家,如泰国,在明代时因为海禁无法获取瓷器,就到龙泉地区来招窑工到那边去烧。还有一个是仿龙泉窑,因为伊朗、伊拉克等西亚一带没有瓷土,烧不了瓷器,一直以来的传统就是使用釉陶,特别是绿釉的釉陶,所以釉陶里面就有仿龙泉窑烧一批东西,元明时期的那种荷叶盖罐、菊瓣纹的大碗，我们都在伊朗这一带的釉陶里看到过相同的器形，釉陶也可以做成青的颜色，就是青的釉陶，乍一看，这个很眼熟，像龙泉窑的东西，所以龙泉窑的技术的影响力非常大。特别是到了元明时期，我们将龙泉窑划分成东区和南区，南区以大窑为核心，生产的产品质量都非常好；东区则形成了一个非常庞大的窑业生产区，窑址大概有三百多处吧，现在还有保留。东区的产品档次比较低，产品质量比较差，产品面貌上以各种的装饰、纹饰为主。很多窑厂都在生产龙泉窑的产品，所以我们叫"天下龙泉"，但是从某种意义上讲，输出因为很容易赚钱，可以说成也对外输出，败也对外输出，我觉得有点像优汰劣胜。比如说我在大窑地区烧很高档的青瓷，供应宫廷没问题，但宫廷用度是不计工本的，有庞大的国家财政在支撑，可是它也有一批是要走贸易瓷、商品瓷这个途径的，在输出海外的产品中，做得很差也能赚大量的钱，那何必在技术上做提高呢？所以大窑地区，在元代晚期以后到明代，除了少量高端的窑厂以外，技术迅速衰落，出口量最大的时候，也是技术衰落最厉害的时候。技术迅速衰落造成了整个窑厂的慢慢衰落。还有一个变化是对外输出对产品的风格产生影响，青瓷都是很含蓄的，基本没有装饰，都是素面的，输出的瓷器则完全不同，需要各种很华丽、很张扬的纹饰，这种华丽、张扬和复杂可以掩盖掉很多胎釉质量的问题，越简单的东西越难做，一件素面的青瓷，简简单单的一个造型，稍微有一点点瑕疵就看出来了，而一件装饰了大量复杂纹饰的东西上，稍微犯个小错误没问题，根本就看不出来，图案复杂就可以掩盖掉更多的它本身的问题，所以简单的素的青瓷胎釉，质量要求就非常高，而装饰非常华丽的瓷器，它的胎釉质量相对又比较差，用的资源和技术都可以比较差，所以这个时候，就形成一种优汰劣胜的反向发展，不利于技术的发展。我觉得龙泉窑到最后的衰落跟海外输出是有一定的关系的。不光是龙泉窑，后期浙江青瓷的对外输出，实际上在整个的中外文化交流中扮演了一个非常重要的角色，它是中外文化交流的一个最重要的载体，因为现在我们浙江输出的最大宗商品，包括青瓷、丝绸和茶叶，丝绸和茶叶都不容易保存，现在几乎看不见了，留下来的主要是瓷器，除了各个沉船上的瓷器以外，还有各个港口遗址、城市遗址出土的瓷器,可以看出瓷器完全影响到了当地的生活习惯。在文献记载中,东南亚一带的居民曾经用树叶包着食物吃,改用瓷器吃,一下子生活品质就不一样了。还有在窑业的烧造技术上,对外输出与交流反过来也影响到了我们自己。龙泉窑的一些器形和纹饰,明显可以看到异域的影响。比如说一些很大的盆,它们体量非常大,明显就是更加适合伊斯兰世界集体使用的东西,所以我觉得这个影响是双向的,以我们对他们的影响为主,但是反过来我们也受海外的一些影响。所以说,浙江青瓷是中外文化交流的一个很重要的通道。

历经水与火的洗礼,辉煌的青瓷记忆正在化为今日的灿烂。"一带一路"作为连接亚洲、非洲和欧洲的古代陆上商业贸易路线,最初的作用是运输古代中国出产的茶叶、丝绸、香料、瓷器等商品,然而最终其他商品没有留下任何痕迹,只有瓷器不仅历时长,还被永远地保存在博物馆和大家族的传承中。这条漫长的青瓷之路让浙江青瓷走出国门,走向世界。作为瓷器的发源地,浙江青瓷曾书写了中华文明璀璨的一页,今天也将重新演绎青瓷独特与丰厚的记忆传奇。

茶叶篇

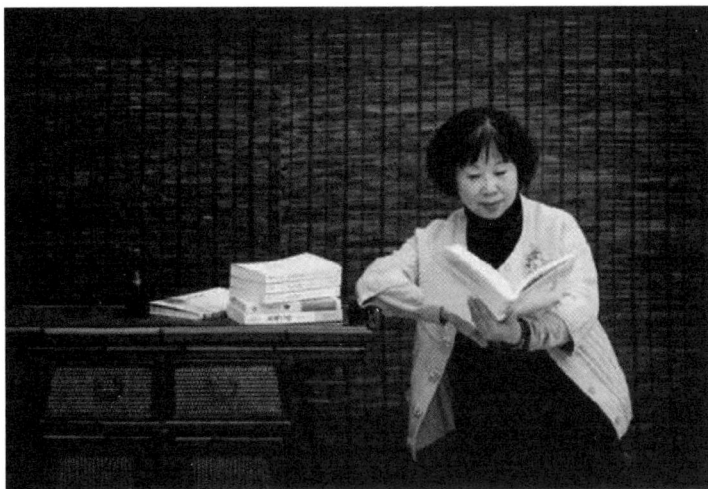

　　王旭烽，汉语国际推广茶文化传播中心主任、茅盾文学奖得主。研究方向为中国文学、茶文化、浙江地方史。

　　主要成果：出版长篇小说"茶人三部曲"（获茅盾文学奖）、《〈中国茶谣〉的创意与文化呈现》、《品饮中国——茶文化通论》等多部茶文化相关著作，以及《玉山古茶场》《茶者圣——吴觉农传》《茶人传奇》《爱茶者说》《瑞草之国》《旭烽茶话》《茶语者》《一片叶子》《品茶读女人》等多部茶文化读物。其总撰稿的六集电视纪录片《茶，一片树叶的故事》在国内外受到好评，2018年2月，被作为国礼由习近平总书记亲自赠送给英国首相。其作品被译成十多个语种在海外发行。

天生茶圣：陆羽与《茶经》

导读：口吃又奇丑的陆羽，如何从一名弃儿，成为一代茶圣？《茶经》短短7000多字，为何会被奉为第一部茶百科全书？物华天宝的盛唐在煮茶时，又显示出怎样的雍容华贵？

在安史之乱的时候，陆羽20多岁，流落到今天的湖州，在顾渚山下，即今天的长兴这一带，度过了一段漫长的岁月。非常重要的是，他在浙江写下了《茶经》，而且是在顾渚山下完成的。

中国被称为茶的故乡，不仅因为这里的土地孕育出了世界最早的茶树，更因为这里的人们，将茶视为一种能沟通天地的物种。喝茶，是简单的事，但也是复杂的事。从简单到复杂，中国人用了1000年的时间。陆羽，一名曾经的弃儿，让茶成了中国人不可或缺的饮料。这名弃儿的童年是怎样度过的？又有着怎样的机遇呢？

实际上他小的时候，是一个连名字都没有的人，因为他是被抛弃的。在湖北竟陵，现在叫天门，有个寺庙叫龙盖寺，他就被抛弃在那个地方。据说那天有一只大雁从天上飞过的时候，看到一个小孩，在寺庙门口的一个池塘边在啼哭，于是大雁就飞下来了，用自己的翅膀，把他盖住，正好龙盖寺的住持大和尚智积出来看到，就把他收养了。在寺庙里，他一直长到9岁，非常聪明，但是长得很丑，他自己说长得丑的不得了，历史上最丑的人都能和他比。他还口吃，父母也不知道是谁。到9岁的时候，他的师父就说，你已经长大了，你现在应该出家，正式当和尚了。他不愿意，说，你看我已经没有父母了，我也没有兄弟姐妹，你现在还让我出家，那我以后就什么都没有了。他过去因为一直在给他的师父做茶童煮茶，就学会了做茶。听说他不愿出家，这个和尚非常生气，就把他赶出去,让他养了 30 头牛,而且经常打他,都是用很大的木棍打,棍子上都是刺,还把这个木棍都打断了,就是要他必须出家,但是他坚决不肯。这样,他放了几年牛以后,就觉得不能再这样下去,于是有一天,他就逃走了。

自小生活在寺院的陆羽,却不愿在晨钟暮鼓、青灯黄卷中终老一生。索性跑到一个戏班子里做起优伶来。在佛家寺院耳濡目染的陆羽,学会了整套茶技与茶道之事,在演戏之时煮茶为乐,也让他遇到了生命中的另一位贵人。

逃走以后呢,他就当了一个伶人,就是草台班子里的演员,但是因为他长的丑,又是个结巴,所以他也不能演主角,只能演那种滑稽戏,唐朝的时候叫参军戏。但是他很聪明,自学成才,开始自己写剧本。我们知道过去的草台班子和戏台班子,经常要去唱堂会的。上面朝廷派来官员的时候,或者是人家家里唱堂会的时候,班子去了以后,他就会在那煮茶。于是在他 14 岁的时候,就遇到了一个贵人,这个贵人叫李齐物,被朝廷贬到竟陵这个地方来当太守的。他来了以后呢,就发现这个小孩特别聪明,茶泡得特别好,于是就说,你不能这样浑浑噩噩的,一生就荒废了,你去学习吧。李齐物就把他送到邹夫子那里去读了 5 年书,回来以后他又跟一些其他的文人墨客和衙门官员有所来往,而且他已经有一个宏伟的理想了,就是我要去做一个一生事茶的人,到全国的名山大川去走访茶。他去了好多地方,正在他准备隐居起来写《茶经》的时候,安史之乱爆发了。

安史之乱带走了繁华的大唐气象,为避安史之乱,陆羽隐居浙江苕溪,与诗僧、茶僧皎然相识,成为"缁素忘年之交"。从此,陆羽以水滴石穿的韧性与坚毅,将所有的心力,幻化成一片至美至善的世间尤物——茶叶。他逢山采茶,遇泉品水,在升腾的茶雾水气中,独行于云山泉石之间,浪迹于尘世方外。

皎然诗写得非常好,在中国诗歌史里面,是有重要地位的,他还非常懂茶,而且出身高贵，对佛学也很精通。皎然提出了茶道这个概念，所以茶道也是我们浙江人首次提出的。他跟陆羽结成了忘年之交。陆羽一直颠沛流离，也没有一个住的地方，后来就到了浙江长兴，到了皎然出家的寺庙住了下来。浙江是绿茶之都，在唐朝的时候，茶已经非常好了，湖州顾渚山下，到处都是茶园，于是他就在那周围，包括江苏、江西四处跑。他交结了很多的朋友，尤其是儒家的一些学者，比如说大书法家颜真卿，他当时在湖州当刺史。他也有一些道家的朋友，其中有一个女性朋友，这个女性朋友就是他纯粹的一个知音吧。

自唐初以来，饮茶之风渐盛，宫廷流行以茶为宴。茶的制作步骤非常复杂，首先是加工茶饼，把茶饼烤香以后再研成茶末。所需茶器也甚为繁多，在《茶经》中，陆羽共记录了 24 种茶器。从陕西法门寺地宫出土的一系列金银和琉璃茶宴器物中，可以感受唐式煮茶的细致。《茶经》只有 7000 多字，但是关于茶的一切，在书中都有记述。包括了茶的形态特征、采制用具及制法、烹饮器具、煮茶方法、品饮技艺、茶事、唐代茶叶产地等。内容之广博，涵盖了茶学的方方面面。

《茶经》这部作品，实际上只有 7000 多字，分成了 10 章，上中下 3 卷。上卷是一二三章，讲怎么做茶、采茶的器具、茶叶的品种。第一句就是："茶者，南方之嘉木也。一尺二尺，乃至数十尺，其巴山峡川，有两人合抱者。"中卷，只有一篇，是讲茶之器。茶具里面有多少东西，他讲得非常详细。下卷有 6 章，茶之饮、茶之煮、茶之事、茶之出、茶之略、茶之图，他都详细地讲解了，包括茶和水的关系、茶要泡多少杯才是合适的等。最后两章，是常被人家疏忽的，因为名字叫做九之略、十之图，我们会觉得略有什么好讲的呢？但是我们要知道，唐朝喝茶，要 24 个器具，因为是煮的，跟我们今天不一样，因此第九章是告诉你，如果我们要到野外去喝茶，什么器具是可以免的，如果你那边有水，就不需要带水了，如果那边有桌子、有岩石，你就不需要带有类似功能的器具了。有多少东西可以省下来，其实里面也有很深刻的道理。这 7000 多字、3 卷、10

章,可以说每一个字,都是金玉良言。历朝历代,还有很多写茶的东西,比如《续茶经》《新茶经》,甚至有的就叫《茶经》,但是基本上是他的翻版。一直到今天,陆羽的这部 7000 多字的《茶经》,依然是我们茶道中的经典。

图 3-1　唐代茶器

《茶经》文字音韵优美,言近而旨远,现世后,社会名流争相传抄,广受好评。宋人陈师道评价《茶经》:"夫茶之著书,自羽始,其用于世,亦自羽始。"它是世界上第一部茶学专著,被后人誉为"茶叶百科全书"。自陆羽开始,茶成为中国民间的主要饮料,饮茶之风普及于大江南北。千百年来,人类喝茶的方式一直在变,但茶杯中承载的精行俭德的精神,却历久弥香。壶中天地长,以茶为媒,品味天地人和之大美。

一个宋代的大诗人评价说,自从陆羽到人间来了以后,人间才开始学习喝茶。《茶经》是世界上第一部完整、全面介绍了茶的物质形态的书。陆羽还打破了人们认为茶就是物质的观念。我们现在经常说,茶这片叶子,是一叶双菩提,一面是物质,一面是精神,但是真正提出这个观点的是谁呢?是陆羽。陆羽完整地把茶从解渴的饮料,或者是当药用这样一些生理层面的功能,带入了一个审美的、文化的,跟儒释道精神结合起来的文化形态。他把茶艺术化了,令茶充满了美感。最主要的是,他创造了中国的茶道精神。陆羽在《茶经》第一章里面提出来,茶是性寒的,"唯饮最宜精行俭德之人",所以,精、行、俭、德就是我们所理解的中国茶道的精神内涵。跟外国朋友讲茶文化的时候,我们往往会说一句话，就是如果您想了解中国文化，请您从一杯茶开始吧。

茶道之源：浙江茶事与日本茶道

导读：以茶为本而寻道，繁复、庄重的日本茶道，与中国古代的"唐煮宋点"有什么联系？日本茶祖荣西，为何两次来到浙江？江南名刹径山寺，为何被奉为日本茶道祖庭？

日本从唐代开始，就不断地派所谓的留学僧到长安，要到长安往往要先到明州，就是今天的宁波。我们知道，国清寺在天台，而天台是佛教的一个重镇。因此，从唐代开始，就不断有日本僧人过来，开始把我们的茶文化带过去了。所以大家要知道，日本原来是没有茶的，既没有茶的种子、没有茶园，也没有茶文化，更没有日本茶道。今天在世界上那么兴盛的日本茶道，它的源头在哪里呢？在中国。在中国的什么地方呢？在我们的浙江。

中国茶，是日本茶人想象力的源头。僧人，是茶渡日本的使者。最早将茶带到日本的，是僧人。让日本人爱上茶的，也是僧人。公元 814 年，一位曾到中国留学两年，学成归去的僧人空海，给天皇上了一份《空海奉献表》，其中说到"茶汤坐来，乍阅振旦之书"，这便是日本人最早的饮茶记录。茶叶东渡扶桑，"萧然幽兴处，院里满茶烟"，幽静的日本庭院中，茶香四溢。

唐代在公元 804 年，也就是陆羽去世那一年，有两个特别著名的和尚，回去以后都在日本开宗立派。一个叫最澄，一个叫空海。大家最近看的电影《妖猫传》里面就有空海，其实一看到这个空海，我就想起，是他当年到中国把茶文化带去日本的。但是，最澄更加重要。最澄当年先到了明州，又去了天台山，在那待了几个月的时间,有一些师父就送了他一些茶的种子。在他回去的时候,他的翻译、他的徒弟,还有天台的那些衙门官员,包括刺史、太守,一起给他开了一个茶会,写了很多诗。其中有一个叫吴凯的官员,在诗的序里面就说了,我们用我们的香茗来接待日本的贵客,我们要送他回远方去了。最澄把茶的种子带回了自己的家乡,在日吉神社这个地方,还立了一块碑记录,日本历史上最早的茶,就是种在这个地方。

现在日本茶道中喝的,是用茶粉冲泡的茶汤。茶道的关键步骤,是要将茶汤搅拌均匀,这叫作点茶。这种古老的饮茶方式,保留了许多唐宋遗风。最澄、空海之后,日本僧人络绎不绝地来中国。南宋初年,僧人荣西两次来到中国,学习禅茶文化。

我们知道茶道是"唐煮宋点"。今天的一些宋代点茶的遗风,在日本。因为日本的抹茶法,就是我们的点茶,不过他们完全把这个传统发扬光大了,而我们已经发展为今天的散茶冲泡法了。那个时候中国来了大批日本僧人,最著名的叫荣西,他曾经两次来到中国,主要是去天台山。第一年,他来了就回日本了,过了 19 年左右,他又来了,这次待了 4 年,完全了解了中国茶叶。据说有一次,他走在路上中暑了,别人用一种叶子煮的水给他喝下去以后就好了,他觉得很神奇。在天台山,还有一种奇特的文化呈现方式叫罗汉供茶。我们知道,宋代的茶碗都是笠帽盏,因为要斗茶。一碗一碗的茶搅拌好以后要点茶,点出来一朵花、点出来一条金鱼、点出来一些山水,但是在天台山,点出来的都是罗汉。

荣西回到日本后,又带回了一批茶种,此后,日本才开始真正大规模种植茶树。荣西著书《吃茶养生记》以推广点茶,这被看作是日本茶道的起点。荣西,成为日本茶道史上里程碑式的人物,被奉为茶祖。

荣西回去的时候，完全把我们天台山的茶，包括一些其他的东西，主要是些种子，也带回去了。带回去以后，他就种在他们的寺庙里，在那个地方也写上一大块牌子，说这是最早的茶。这个最早的茶还被保留下来了。有一次，一个将军生病了，实际上有人说是这个将军应该是喝酒喝醉了，但也有人说将军是得了糖尿病，于是荣西就按照我们中国煎茶的方式，煮了茶请他喝，这位将军居然好了，于是非常高兴，荣西就写了一部非常著名的著作《吃茶养生记》。这部书很有意思。他上来就讲，茶是灵丹妙药。我们中国的《茶经》，第一句是"茶者，南方之嘉木也"，而他们的日本茶道就很实在，觉得茶就是人间的仙药，它能够让人长生不老、能够治病，它是长在深山里面的。这本书出来以后影响很大，荣西后来被称为日本的茶圣。

"碧云引风吹不断，白花浮光凝碗面"。这是文人墨客对抹茶的赞美之词。茶汤色白为上品，天目建盏深沉的底色，与茶汤形成明显的色彩反差。成品的天目建盏釉面，呈现兔毫、油滴或曜变等斑纹，温润晶莹，瑰丽悦目。宋徽宗在《宫词》中赞美道："兔毫连盏烹云液，能解红颜入醉乡。"日本史料记载，曜变斑建盏乃无上神品，值万匹绢。

日本人把茶碗带回去，把它称为天目盏。还有人把茶台子带回去，今天的日本还有茶台子。有人会认为茶台子是一张茶桌，其实不是的，茶台子就是茶磨，今天的天目山人，他们依然把这个磨叫作台子，但是这个磨跟磨米、磨面的石槽是不一样的，因为它是要磨茶的，抹茶就是这么磨出来的。还有一个，就是窑变的窑盏，那个盏非常漂亮，叫天目盏。那么，有人说天目山是没有黑瓷窑的，也没有这种鹧鸪斑、兔毫盏、油滴盏，是在别的地方建窑做的，但是今天我们已经在天目山的一些古窑里面，挖出了很多窑片，这些窑片就跟黑茶盏很相似。

如今的日本茶道，动作繁复而漫长，最严格的茶道，要持续四个小时。这种茶道的起源,在浙江余杭的径山寺。宋代,日本僧人大规模前往中国求法,径山寺是最热门的目的地。今天日本禅宗二十四流派中,十八家都出自径山寺。宋代的径山僧人,以点茶法为基础,创立了一套径山茶宴,包括了张茶榜、击茶鼓、恭请入堂、上香礼佛、煎汤点茶、说偈吃茶、谢茶退堂等十多道仪式程序,举办茶宴时众佛门弟子围坐"茶堂",宾主或师徒之间用"参话头"的形式问答交谈,机锋偈语,慧光灵现,是我国禅茶文化的经典样式。这套仪规,被日本僧人完整地带回国。茶宴里规定的点茶器具、规定和流程,随禅法在日本广为流布,径山的名字处处流传,从未断绝。

径山茶宴实际上是喝茶、说事,甚至是争论、争辩,这个跟我们今天想象的日本茶道,一声不吭坐在那里,是不一样的。茶宴是要争辩的,争辩什么呢,难道仅仅是争辩一些佛教的理论吗?我想一定会讨论时局。中国宋代的浙江,对"一带一路"最重大的贡献,就是成了日本茶道的祖庭。浙江促使日本茶道成为日本国家的一个文化形态、文化符号,这个文化符号又流布到全世界,尤其是"一带一路"的国家和地区中。从这个意义上来说,我们中华民族,尤其是我们浙江,对日本茶道是有很大的贡献的。

神秘探险:马戛尔尼与英伦茶路

导读:遥远东方的一片茶叶,如何漂洋过海来到英伦? 英国贵族马戛尔尼访华,经历了怎样的奇幻旅程? 小小的一片茶叶,令世界格局掀起了怎样的惊涛骇浪?

英国是世界上人均消费茶叶最多的国家之一,很多时候它是欧洲茶文化的领衔者,有喝下午茶的传统。但是1600年,还没有任何一个人把茶运到欧洲去。后来最早开始运的是荷兰，英国是在 17 世纪 30 年代开始运茶的。1662 年，发生了一件很著名的事，有两个国家的宗室联姻，就是英国的查理二世和葡萄牙的凯瑟琳公主。凯瑟琳公主是一个狂热的饮茶人，她嫁过来时带了很多嫁妆，里面有很多的中国茶，宫廷里面的人就觉得很奇怪，这是个什么东西啊？但是不管怎么样，只要宫廷喜欢，下面贵族就喜欢。于是凯瑟琳公主嫁过来以后，就被称为"茶叶皇后"。她给英国做的最大的贡献，就是把茶叶引进英国。

年轻的凯瑟琳公主掀起了英国王室贵族饮茶的风潮，19 世纪后，"英式下午茶"的概念出现。为了打发早午餐后至晚餐前的漫长时间，贝德福公爵夫人安娜萌发出喝下午茶的想法。不少影视作品中，都有下午茶的场景。《傲慢与偏见》中，似乎英国的贵族们总有喝不完的下午茶。英国的童话代表作《爱丽丝梦游仙境》中，疯帽子永不停歇的下午茶会上，各式各样的精美茶具令人着迷。工业革命的到来，让茶进入千家万户。工人们挥汗如雨地工作，茶的解渴性、消毒性和廉价性，让茶从富人餐桌上的时尚，变成穷人的日常饮品。

越到后来，英国人就越狂热地热爱茶。一开始是贵族喝，17 世纪前半叶时，一年进口茶叶 33 吨，后来增加到 7000 吨，到了 19 世纪，已经变成 1 万吨了，增长非常迅速。而且不仅宫廷里的人喝茶，工人、扫地的、采煤的，所有的引车卖浆者，全都喝茶。这样一来就出现一个情况，中国人不需要他们的乐器、叉子、呢料，但他们一天都不能离开中国茶，离开了茶他们就没法活下去。

茶成了英国的民族饮料，需求产生了商品交易。英国进口茶叶的规模越来越大。19 世纪，英国家庭每年收入的十分之一，用来购买茶叶，茶叶消费量涨了 200 倍，白银急剧外流，都流到了遥远的东方，这让逐渐成为日不落帝国的英国很不爽。1793 年，英国贵族马戛尔尼率使团抵达中国，为乾隆皇帝祝寿，希望借机打开中国大门。

马戛尔尼是个贵族,他是苏格兰人,受过高等教育,担任过驻很多地方的外交官员。英国马戛尔尼使团出使中国,名义上是来祝贺乾隆皇帝八十大寿,实际上是当时世界上的两大帝国,中国和英国首次进行的一个较量。一开始他们是以商贸的理由来的,英国觉得我到你们中国来,你们要开放宁波、舟山,让我们做生意,但是中国在乾隆那个时代,完全认为应该是万方来朝,英国到天朝来是称臣来了,所以两个国家的理念就对不起来。有一个最简单的问题就变成一个严重的障碍,表面上看,主要就是,你见了皇帝,你是单腿跪还是双腿跪,因为中国是讲要五体投地的,但英伦是单腿跪,甚至还要吻手。两个国家从最基本的礼仪开始,就不能相互接受,所以后面所有的事情都不顺。而且他们要来进行贸易,都是要我们把码头开放,要求派驻军队,这一系列事情就没有办法达成统一。但是在中国,有一件事情给他们带来了巨大的改变。

两国礼仪的不同,让马戛尔尼拒绝下跪。天朝上国的幻想,让乾隆拒绝了一次可能改变大清国运的机会。这场外交以失败而告终,英国使团仓皇从北京离开,分水陆而行,沿着京杭大运河而下。路途中,马戛尔尼始终不忘东印度公司交付给他的一个重要使命。当他走到浙江与江西交界处时,看到了一个情景,让从北京颓丧而走的马戛尔尼喜不自胜。

东印度公司也不会白出钱资助的,它毕竟是个公司。我给你那么多钱,让你们到中国来,最后什么东西都没有带回去,那不行的。所以公司跟使团讲好,要弄多少种子,其中包括茶的种子。回来的路上,马戛尔尼就把这件事情给记住了。他走到了浙江,衢州有一个地方叫江山,就是今天的江山市,旁边是江西,那里有一个县叫玉山,他们就在江山和玉山之间的茶园里面,找到了他们认为需要的茶树标本。马戛尔尼非常高兴,就写信给他们在印度的总督,就说虽然我们这一次没有完成英国女王叫我们做的事,但是,我们找到了茶树的标本。他就说,如果说,我们能够在中国之外,我们英国的殖民地,找一个地方,把茶树种下去,将来我们就再也不用求人了。想到这一点,他就喜不自禁。

　　珍贵的茶树标本，让马戛尔尼喜不自禁，可是茶树标本应该种在哪里呢？马戛尔尼将目标聚焦到了喜马拉雅山的另外一侧——印度。这里是印度大吉岭，如今生产着世界著名的红茶。印度饮茶的历史虽然很悠久，但是真正让印度人种上茶、爱上茶，从而变为茶的国度的，是英国人。

　　这批浙江的茶树种子到了当时的加尔各答。在加尔各答，有一个非常非常大的皇家植物园，因此他们就把这批东西种在加尔各答。因为前面的一些种子，有的种下去就死了，有的烂掉了，不成功，所以这次栽下去的东西，他都非常小心。这些资料，最后都保存在我们中国的故宫里面。有一个法兰西院士，他写了一本书，叫《停滞的帝国》。后来这批茶树种活了，被移植到了阿萨姆和大吉岭。据说在阿萨姆这个地方，还发现了一种野茶，其实这个野茶也是从中国过去的，他们就把它们嫁接，成为今天印度的茶。后来被称为"茶叶强盗"的英国人福琼到了舟山、宁波、黄山、武夷山，也弄了茶种。

　　一片小小的树叶，也曾改变世界格局。当温良的东方美人茶，向西方款款而去时，英国却送来了"蛇蝎美人"——罂粟花。为了扭转由茶叶引起的贸易逆差，英国商人从印度向中国倾销鸦片，这无可避免地导致了大清帝国发起禁烟，由此引发了 1840 年的鸦片战争。从某种意义上说，鸦片战争，其实也是茶叶战争。战争过后，茶杯中的波澜不再。茶得以远离战争与政治，回归本原，成为一种沟通心灵的饮品。

　　美国 1773 年暴发波士顿倾茶事件。英国把茶叶运到美国，那个时候，美国是他们的殖民地，而运去的是我们中国的功夫小种红茶。结果到了那边以后美国人不要，说你的茶太贵，就开始了倾茶，把 342 箱茶就全部倒到海里面去，成为引发美国独立战争的导火线。1793 年，马戛尔尼到中国来，这是东西方两大帝国的第一次较量，对话基本上不成功，就种下了祸根。他们当时有一个副团长叫斯当东。斯当东来中国带了一个儿子，小孩因为小，学语言特别快,所以,到了北京以后,孩子就会说中国话了,还懂得了很多中国的事。这个小孩过了几十年以后,已经变成了一个非常坚定的战争派议员。因为他小时候去过北京,所以说他觉得中国可以打。这一次的外交往来,带来的后果也是让人想不到的。当我们东方最美好的茶叶往西方去的时候,另外一种植物罂粟花,它像毒蛇一样过来了。我们说,东西方两大帝国的较量,也是东西方两种植物的较量。这种较量完全改变了世界的格局。从这个意义上说,小小一片茶叶,真的能够改变世界。

冠绝天下:西湖龙井的前世今生

导读:以地为名,与景为伴。龙井既是地名,更是茶名。悠悠千年,色绿、香郁、味甘、形美的龙井茶,有着怎样的前世今生? 它是如何从默默无名,成为天下绝品的?

我们知道,龙井茶是不多的,只有在西湖西郊有这么几百亩,叫狮云龙虎梅,现在龙坞也算进去了,但是也不是很多。今天龙井的山里面,有一口井叫龙井,据说这里面是通东海的。因为有这么一口井,于是这个村子就被命名为龙井村。在龙井村种的这个茶就叫龙井茶。这块地方由于非常好,所以现在有一个好听的景点名字,叫"龙井问茶"。为什么要讲龙井茶呢? 我想大家都应该很清楚,因为龙井茶本身就是我们中国的十大名茶之首。这个十大名茶之首,也不是自己说的,而是被整个中国的茶叶爱好者,甚至全世界人民所认可的。

久负盛名的风景中,有着久负盛名的茶叶。杭州西湖龙井村,是中国最著名的茶叶产地之一。龙井是地名,是村名,是井名,也是茶名。长忆西湖,水光潋滟,春暖茶香。龙井,这种不发酵的绿茶,绿黄两色浑然天成,恰似水墨画般的西湖烟雨，浓淡相宜。这种色泽，是判断龙井茶品质的重要标志。

　　各位一定要注意，所有的绿茶都是绿的，但是它有深绿、浅绿、黄绿。龙井茶的这种绿，跟其他的茶是不一样。制作好的龙井茶的颜色，叫糙米色，像国画一样，它有黄色、有绿色，特别特别的漂亮。糙米色是龙井茶一个非常重要的标志，我们很多不懂茶的人，会认为茶是碧绿碧绿的，那就不对了，它应该是黄中带绿，绿中带黄。第二是香郁，大家也会说，茶都是香的，只要是高山的茶，都有栗子香、兰花香。非常有意思的是，我们的龙井茶是蚕豆花香。蚕豆花香不是我们种的那种蚕豆的花，而是杭州特有的一种豆，叫兰花豆。这个兰花豆是专门用来下酒的，过去在酱油店里就可以买到。兰花豆刚从油锅里出来的时候，有一种特殊的香味，这个香才是正宗龙井茶的香。饮茶人当中，也出现了很多流派，有的人不是为了喝茶的味道，他就是喝一个过程。还有一种人，他非常讲究茶自身的一种味道，喝进去，在喉口不咽下去，"三漱不忍咽"，那就是吃它的滋味。还有一种流派，专门闻茶的香，所以大家知道有一种闻香杯。在我写的小说里面，专门讲了一个场景，有个人把茶叶专门送到人家家里去，然后一下子把茶叶盖掀开说是龙井茶，对方马上说，你怎么可以这样呢，你不能这样，这样好茶的味道就没了，于是赶紧把门窗全部关上，然后静悄悄地去闻那个香。

　　不同的茶叶，可以调制出千变万化的香。龙井茶散发出的蚕豆花香，有如剑气锋芒。由闻到饮，茶联缀出更为丰富的体验。采取龙井茶，还念龙井水。龙井茶、虎跑水，被誉为杭州"双绝"。虎跑水中，有机的氮化物含量较多，而可溶性矿物质较少，利于龙井茶香、滋味的发挥。明代文人张岱记载："城中好事者，取以烹茶，日去千担。"直到现在，每天一大早，还有不少人来虎跑泉取水。茶是水的艺术，更是人的艺术。每年春天，几百名炒茶师会聚一堂，切磋技艺，一抓一抖之间，是茶与人之间，另一种形式的较量。每一片叶子，都浓缩着炒茶师对技艺的理解和经验。

我们今天看到的最好的龙井茶,我们叫它"碗钉"。但是历史上的龙井茶,它最多可能做到像虾米一样,也是扁的,但是做不到每一根都那么漂亮。五四运动前后的时候,在我们杭州郊区出现了一个师傅,人家都叫他阿洪师傅,年纪很小。他发现,在前面杀青的时候,要用少量的茶,而后面辉锅的时候,可以用大量的茶,这个正好是把原来的流程倒过来了,反过来做以后,他这个茶叶就特别好看。于是,据说龙井那一带村子里有一个老板,觉得他做的茶叶太好了,就把他锁起来了,因为他这个技术要保密,不能让大家知道。那么他呢,就在那炒茶。一直到1949年解放了,中华人民共和国成立了,省里面的领导专门开条子,让他从村里面出来,让他把所有的人都教会,才有今天这么形美的龙井茶。

浙茶悠悠两千载,如果说浙江是绿茶之都,那么龙井茶就是绿茶中的皇后。龙井声名远播,自六朝自今,历代名流大家常以"黄金芽""无双品""似佳人",表达对龙井茶的酷爱。明代文学家、书画家陈继儒平生好茶,但独钟龙井。他的《试茶》诗中,用"泉从石出情宜洌,茶自峰生味更圆"赞誉龙井茶给他留下美好的回味,终生难忘。

唐朝的时候,龙井茶还不叫龙井茶。但是陆羽已经说过了,钱塘、天竺、灵隐,有很好的茶。到宋代,有个辩才和尚,他原来是在灵隐寺的,后来他觉得那地方太热闹了,就翻山来到了三天竺,来到了胡公庙这个地方。他一来,很多信徒都跟他过来了,就把龙井的茶带过来了,满山遍野地开始种茶,连苏东坡也经常去喝茶,于是人们就把辩才称为是种植龙井茶的鼻祖,但是那个时候,这里的茶也还不叫龙井茶,直到元代才开始叫龙井茶。这时候,这里的茶叶已经是非常有名了。我们都知道到明代才开始有炒青茶,龙井就是非常标准的扁炒青,形状也漂亮,也好喝。水也好,景点也好,那么就越来越有名。

图 3-2　龙井茶

　　2017 年下半年，一场"盛世天子——清高宗乾隆皇帝特展"在浙江省博物馆西湖美术馆隆重亮相，多件极具盛世之风的国宝级文物，全方位呈现了乾隆与浙江的不解之缘。两百多年前，乾隆曾六下江南，还喜欢写诗，留下了二十多首赞美龙井的诗篇。乾隆帝御笔《龙井写生花卉》，画的是乾隆到龙井游赏时看到的花卉，用来送给母亲，这令皇帝的形象变得自然、亲切。

　　乾隆皇帝是六下江南，四次到龙井，他每一次来，都会留下诗。比如他说，火前嫩，火后老，惟有骑火品最好。他就说龙井茶，清明之前的茶太嫩了，清明之后的茶就老了。就是在清明左右，这一段时间的茶是最好的。据说最后一次来时，他在胡公庙定了 18 棵御茶树。那么这 18 棵御茶树，究竟是不是他命名的呢？这个也没有史书记载。不管怎么样，这 18 棵御茶树一直留到今天，变成了一个非常重要的文化景观。

　　杭州 G20 峰会文艺晚会上的《采茶舞曲》，是杭州最具有代表性的民间小调。在西湖最美的夜色中，表演者们化身为漫山遍野的采茶女，令整个西湖都随之轻盈律动。茶是一种充满文化意味的符号，采茶更是一种富于诗意和艺术形象的劳动。上世纪 50 年代，艺术家周大风创作《采茶舞曲》时，周恩来总理还曾亲自过问。实际上，1949 年以后，许多国家领导人多次造访龙井茶区，对西湖龙井赞不绝口。茶为国饮，杭为茶都。在龙井飘香的春天，人们从一杯茶里,细细品味"欲把西湖比西子,从来佳茗似佳人"的古韵情怀。

毛泽东主席有个特点,因为他是湖南人,他在喝完茶以后,会用手指把龙井茶挖起来,把茶叶吃掉,因为他觉得叶子很美,这是他喝茶的一个习惯。周恩来总理就不一样了。因为经常有外宾来参观,他要去踩点,光是梅家坞他就去过很多次。有一首歌就叫《采茶舞曲》,是周大风先生创作的,周大风先生说,曾经有一句歌词是"采茶采到月儿上",就是说采茶我们从晚上采到半夜。后来周总理说,你这个没有劳逸结合嘛,不让人家睡觉了,所以他后来把这句改成了"采茶采得心花放"。20世纪70年代的时候中美建交,《中美建交联合公报》就是在今天的杭州西子宾馆商定的。因此,杭州就跟基辛格先生建立了很好的关系。基辛格也非常喜欢杭州的龙井茶,据说杭州曾经给了他两斤茶,结果在飞机上,就给大家抢光了。于是杭州人每年新茶下来,就会给他寄点去,一直到今天还有这个习惯。所以从这个意义上来说,龙井茶对全世界来说,完全是中国文化的符号。从这个意义上来说,龙井茶和"一带一路"的关系,是非常非常深远的。

一生事茶:"当代茶圣"吴觉农

导读:以身许茶,用心觉农。是谁,被誉为"当代茶圣"? 又是谁,让睡狮一般的华茶重现荣光? "当代茶圣"吴觉农,有着怎样的茶事悲欢?

陆羽是古代茶圣,而吴觉农是"当代茶圣"。他1897年出生,1989年去世,是个长寿老人。他是浙江上虞人,原来他不叫吴觉农,他的名字是在上了中学以后才改的。他很小的时候住在镇上,一个晚上他听到一个农民在惨叫,他就问他妈妈,为什么农民一直惨叫? 他妈妈说,冬天那么冷,农民交不起租子，就被关到县衙门的外面一个木笼子里面，不拿出粮食和钱来，就会被关死。他觉得农民太可怜了，这也就是让他下了决心，要去做和农业相关的事情。

中国是茶叶的故乡，但是随着近代中国的衰落，中国茶的产量也在逐渐下降。国际上甚至还出现了另外一种声音，认为中国不是茶叶的原产地。这一切都深深地触动着吴觉农，吴觉农立志要革新中国茶业，振兴中国茶。在25岁时，他便分析了中国茶叶的历史，以科学的态度，驳斥了"中国不是茶叶原产地"的荒谬言论，全面剖析了中国茶失败的根本原因。

吴觉农到日本去留学时，发生了一件事。他有一个日本同学，拿着橘子问他，你们中国有这个东西吗？他就很生气。为什么呢？因为日本的柑橘都是从我们中国传过去的，而且是从温州过去的，现在他居然问，你们中国有没有这个东西。而且那个时候，有很多国家不认为中国是茶的故乡了，他们认为印度是茶的故乡或者日本是茶的故乡。因为这个事情，大概25岁时，他专门写了《茶树原产地考》这篇文章。一直到今天还是经典之作，我们要来说明中国是茶的故乡的时候，还得引用他的这篇论文。中华人民共和国成立后，他是中国农业部的副部长，同时他是中华人民共和国成立以后，第一个国营企业总经理。第一家国营企业就是进出口茶叶的公司。

1937年7月7日，卢沟桥事变爆发。在抗日战争最艰苦的岁月里，中国茶的生产和销售，不但没有随着战争而凋零，反而达到了新的高度。大量中国茶被销往海外，换来了大批急需的物资，当时的苏联就是中国茶的重要市场。提到俄罗斯人的饮食喜好，首先浮现在脑海中的恐怕是伏特加、葡萄酒，但实际上，与喝酒相比，俄罗斯人更爱喝茶，能一席无酒，但不可一日无茶，而中国茶就深得俄罗斯人的青睐。就在1937年"七七事件"爆发这一年，吴觉农先生促成了中苏之间的一次谈判，让小小的茶叶也为抗战做出了巨大的贡献。

　　1937 年抗战的时候，吴觉农还主持完成了以茶易武器的交换。为什么我要说这个事儿呢？因为在这之前，国民党政府已经跟苏联人谈了一年，说用我们中国的茶，去换他们苏联的武器抗战，但是那一年就是谈不下来。为什么后来让吴觉农去谈呢？那时候吴觉农已经从上海带了一群人，来到上虞的三界茶厂，他说要在那儿上山打游击，这时候国民政府在武汉，打一个电报过来给他派了这个任务。他去了以后，用了半天时间，就把整个合同全部谈下来了。为什么呢？因为他去抗战之前，有七八年时间，全部都在国外考察茶事，其中有一站就是苏联，所以他和苏联其实已经结下了非常深厚的友谊。另外一个，他本人又是亲共产党的，他虽然不是共产党员，但是他是一个有强烈的革命思想的人。他这一来，半天时间就把这个事情谈好了，那么这样一来，我们中国的茶就可以出口好多地方，尤其是两个重要的国家，一个是英国，一个是苏联。特别是英国，英国打仗打得最厉害的时候，全部物资都要靠分配，分配的时候，还不忘记给每个人都发一小块茶。

　　吴觉农过九十寿诞时，人们纷纷赶来为他祝寿。在祝寿会上，以吴觉农为首的 20 位全国著名茶人，联合签署《筹建中国茶叶博物馆意见书》，提议在浙江杭州建立中国茶叶博物馆。这是目前中国唯一一家国家级茶文化专题博物馆。

　　中国茶叶博物馆接待了来自全世界的客人，还包括好多国家的总统，派出的茶代表团也出访了好多国家。那么，中国茶叶博物馆是怎么来的呢？这是跟吴觉农先生有关系的。吴觉农先生 90 岁时，全国的茶人给他过了一次生日。在过这个生日的过程中，他做了一件特别伟大的事。有 20 个茶人在他的寿诞上，联名写信，建议建立中国茶叶博物馆。想想看，他那时候 90 岁了，做这么一件事情，确实是泽被后人啊。后来这个地方培养出了很多人，比如我也是茶叶博物馆出来的，我们很多的学生都是从那儿出来的。他主编的一部书叫《茶经述评》。《茶经述评》这部书非常重要，很多人就是从这部书入门的，包括我本人，也是看了《茶经述评》，才进入茶文化领域的。

图 3-3　吴觉农与《茶经评述》

在上海的吴觉农纪念馆，汇集了关于被誉为"当代茶圣"的吴觉农的纪念文献、饮茶物件等。吴觉农与上海有着不解之缘。**1939 年，正是在吴觉农的倡议下，复旦大学在重庆创立了中国高等院校中的第一个茶叶系，开启了中国高等教育中的茶学教育。**

我国原来没有高等院校开设茶叶系，我们也没有日本茶道的那个氛围，刚开始会有一些培训班、特训班，一直到 1940 年，吴觉农到重庆以后，觉得必须在高等教育体系中建立关于茶叶和茶文化的专业，于是他就去找了当时的复旦大学教务长，说我们一起来做这个事，对方也很高兴。结果学生是招起来了，日本人来扔了炸弹，那次就死了 6 个人，其中教务长也牺牲了。因此最后，在复旦大学茶学系的成立大会上，只能是吴觉农先生作为系主任去讲话，他说，有人为我们牺牲，我们是踏着烈士的血迹成立的茶学系。因为有了这个茶学系，才有了中国高等教育中茶学教育的起步。

"中国茶叶如睡狮一般，一朝醒来，绝不会长落人后，愿大家努力吧。"吴觉农青春年华时代发表的宣言，早已梦圆。20 世纪，是中国茶从极度衰竭到复兴发展的漫长奋进历程。在吴觉农身上，浓缩了当代茶人为茶奋斗的悲欢离合。中国历史上和现代社会里，绝不乏爱茶之人，但是把爱茶与爱国完全重叠起来，为之奋斗、呼喊、呕心沥血，直到看到光明到来的，当今中国茶人中，吴觉

农为第一人。

　　吴觉农先生被称为"当代茶圣"，但是他同时还是一个社会活动家。他是中华人民共和国第一届的政协成员，是全国政协副秘书长。但是很有意思，他不是农村组的，而是政治组的。为什么呢？因为他很早就参加了很多革命活动，他在他的房子里面，曾经收留了地下党的领导人和党员，而且被收留的人在他们家里还生了个孩子。但是他又跟汤恩伯以及国民党的一些官员都是同学，关系很好。他在革命过程中，做了很多工作。如果他仅仅埋头读书，一天到晚弄点茶叶，其他什么都不管，他不可能成为"当代茶圣"，就跟陆羽一样，如果他不写《六羡歌》，他也不可能成为古代茶圣。所以，在他们这些伟大的人物身上，都有一些大于茶叶自身的精神，还有把茶文化精神提炼得更高的伟大人格。吴觉农先生是浙江人，又在浙江做了那么多事，把这样一位先生介绍给世人，让人们知道茶人里面，还有这么伟大的人，我觉得是非常必要的。

书
画
篇

　　陈野，1986年毕业于杭州大学中国古典文献研究所，获硕士学位，分配至浙江省社会科学院工作。现为浙江省社会科学院副院长、研究员，兼任浙江省历史学会副会长、地域美术史研究会会长、浙江省伦理学会副会长等学术职务。

　　长期从事中国美术史、地方历史文化和当代文化建设研究。在中国美术史研究方面，至今共出版《中国南方民族文化之美》等8部个人学术专著，合作出版《中国少数民族美术史》（6卷本300余万字，任副主编并撰写40余万字），参与组织《中国历代绘画大系》的编写工作。在《新美术》《国际社会科学》《浙江学刊》等刊物发表30余篇论文。

书圣王羲之：惠风和畅写兰亭

导读：曲水流觞，兰亭雅集，是一场怎样的聚会，成就了天下第一行书《兰亭集序》？28行、324字的短短序文，为何被千年传诵？围绕《兰亭集序》，又有哪些曲折离奇的故事？

王羲之出生于琅邪王氏，琅邪就是现在山东临沂这个地方。琅邪王氏是非常有名的大族，有一句话叫"王与马，共天下"，说的就是王氏家族与东晋皇族司马氏集团共同治理天下。王羲之的堂伯父王导，是一个大权在握的重臣，他帮助司马氏集团建立了东晋政权，从晋元帝时起一直是在相当于宰相的这个位置上，辅佐皇帝治理国家。王羲之所在的时代，豪强林立，争斗激烈，南北士族间的矛盾激化，斗争决定着新朝旧代的交替，成败乃是瞬间之事。门阀政治使得士族成为政治较量棋局中的棋子，颇受钳制。"天下多故，名士鲜有全者"，故此人人自危，陷入深深的恐惧、焦虑和迷茫之中，正所谓"四顾何茫茫，东风摇百草"。

当时，执掌军事大权的高官郗鉴，期望通过联姻，与王导结成政治联盟，便派门生去王导家中求婿。其他王家子弟都衣冠楚楚、恭恭敬敬地在那里等候，只有王羲之躺在床上，根本不把这个当一回事。听了派去选婿的人的报告，阅人无数、眼光犀利的郗鉴就说，这个人正是我认定的佳婿啊。于是就把女儿嫁给了王羲之。政治联姻确实是一着实用的棋。当时同为权门大户的征西将军庾亮、重兵在握的陶侃，都曾有起兵罢黜王导之意，但都在郗鉴的竭力反对和阻止中未得成功。

篆、隶、草、行、楷，五种书体，在漫长的岁月中逐步演变，基本变化在王羲

之所处的时代完成。出身于仕宦世家的王羲之,他的书法才华,不只来自天分,也来自后天的努力学习。王羲之自幼酷爱书法,师从书法家卫夫人,并博采众长,开创了妍美流畅的行、草书,从而一改汉魏质朴的书风。"永和九年,岁在癸丑,暮春之初,会于会稽山阴之兰亭。"公元353年,农历三月初三,王羲之召集文人雅士,举办了一次流传千古的曲水流觞之宴。

王羲之的书圣地位,一方面体现在他书法艺术的创新上面,我觉得,另一方面应该是体现在他为开启一代艺术新风所铺垫的人文底蕴、建构的哲学意涵和美学品格上,他为我们留下永恒不朽的艺术精神,对中国书画艺术的创作方法、风格起到了很好的典范作用。直到今天,我们讲书画艺术,特别是讲书法,就一定要讲到王羲之。王羲之有七个儿子,除了两个儿子没见到有书法创作的记载外,其他五子都在书法创作上得到"家范"真传,也都很有成就,只是侧重各有不同:"凝之得其韵,操之得其体,徽之得其势,涣之得其貌,献之得其源。"最著名的,就是第七子王献之。王献之幼年随父学书,众体皆精,尤以行草著名,在书法史上被誉为"小圣",与父亲王羲之并称为"二王"。

讲到王羲之,大家肯定会想到"兰亭雅集"。这个雅集发生在东晋永和九年,也就是公元353年的农历三月初三,在会稽举办。会稽就是我们现在的绍兴地区,王羲之在那里做会稽内史。农历三月初三是传统节日,叫上巳节。上巳节要在河边做仪式,用水来洗除身上不干净的东西,特别是消除一些不吉祥的因素,祈求平安。王羲之他们利用这个民间节日集会,但也并不是举办一个单纯的民俗活动,它其实是文人名士之间的一次艺术聚会。王羲之邀请了谢安、孙绰等文人士子,他的儿子王献之、王凝之也有参加,一共是42个人,在兰亭举办了诗书雅集活动。活动的形式是曲水流觞,他们42个人沿着一条弯弯曲曲的小溪流席地而坐。把盛上酒的酒杯放在溪流里,从上游往下漂流。酒杯停到谁的面前,这个人就要拿起酒杯,赋诗一首,然后把酒喝掉。整个活动下来一共得到37首诗,编成一个诗集,王羲之为这个诗集写了一篇序,这就是《兰亭集序》。《兰亭集序》情感深沉,文采斐然,记事写景,畅叙人生感悟,在笔锋的飞扬间流泻出有关人生的忧思与无奈，是一篇小而美的佳作。

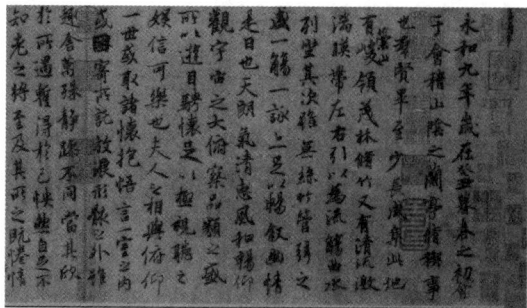

图 4-1　《兰亭集序》

被誉为"天下第一行书"的《兰亭集序》，是中国书法史上的奇迹。28 行，324 字的序文，每个地方都有王羲之刻意而为的巧妙手笔，即便同一个文字，也会因内在的力度不同而改变。"行书"的"行"是行走的意思，它不像草书那样潦草，让一般人无法辨识，它也不像楷书那样端正，实质上它是楷书的草化。在《兰亭集序》中，王羲之用笔精巧练达，如行云流水般自然流畅。笔势优美娴熟，娟秀中蕴疏狂之气。面对着《兰亭集序》，我们可以感受到在点画笔墨之间，所流淌出来的清逸潇洒之美。

后人不断地模仿他的《兰亭集序》。北宋的时候有个书法家米芾，他说它是"天下第一行书"。也有人评价说这篇书法作品不但字写得好，布局的章法也很美，评价它是："字既尽美，尤善布置，所谓增一分太长，亏一分太短。"意思是说，字与章法各方面都恰如其分地好，多一点少一点都不行。这篇序文本身也有很高的文学价值，寄托了王羲之的思想情感。

一代书圣的成就，并非只在书法的习练上，是时代、才情和生活历练的综合集成。王羲之十几岁时，正逢中原战乱，他随着自己的宗族渡江南迁，之后又迁到会稽郡，也就是今天的浙江绍兴。兰亭曾是王羲之的寄居之地，《兰亭集序》记述了兰亭周围的山水之美和聚会的快乐心情，同时也抒发了王羲之感慨好景不长、生死无常的情绪。他看到的是浙江会稽的山峦滴翠、千岩竞秀，还有茂密的林木、修长的翠竹。如此山明水秀的会稽，吸引着居住于此的士族子弟、文人学士放情山水、谈玄参禅。因为兰亭，有了《兰亭集序》，因为有了《兰亭集序》，兰亭也成了历代书法家的朝圣之地。

在中国历史上，东吴、东晋和南朝的宋、齐、梁、陈六个朝代先后建都于南京，合称"六朝"，历时长达三百多年。随着京都的南移，北方人口大量南迁，浙地从秦汉时期的边鄙区域一跃成为腹心之地，政治、经济、社会、文化均进入快速发展和繁荣的时期。书法、绘画、雕塑等艺术成就，是六朝文化的精粹，继汉开唐，内涵丰富。

推究成因，一个是会稽的明山秀水起到很大作用。会稽深得造化钟爱，山光水色旖旎多姿。那时有一个非常著名的画家，叫顾恺之，他是现在江苏这边的人，但经常到会稽来，一方面来感受山水之美，另外一方面为他的绘画创作寻找一些题材。回去以后，他家乡的人就问他，会稽山水到底有多美？他说："千岩竞秀，万壑争流，草木蒙笼其上，若云兴霞蔚。"这诗一般优美的语言，出自画家对山川之美的细心体会和感悟，宛若一幅场面清新的山水巨幛，成为千古流传的吟咏会稽自然风光的佳句。这种美景为历代文人墨客称道，例如唐代诗人李白，在诗中尽情抒写了他对会稽山水的观感和留恋："遥闻会稽美，且度耶溪水。万壑与千岩，峥嵘镜湖里。秀色不可名，清辉满江城。人游月边去，舟在空中行。"如此一个"镜里云山若画屏"的会稽，吸引着居住于此的士族子弟、文人学士在此静观物象、流连忘返。王羲之的序文里，就反映了这样的山水之美："此地有崇山峻岭，茂林修竹；又有清流激湍，映带左右。"他们就是在这样一个山清水秀、天朗气清、惠风和畅的环境中，与自然亲密接触，仰观宇宙之大，俯察品类之盛，游目骋怀，畅叙幽情，极视听之娱。

再一个是会稽土地很肥沃、物产很丰富，世家聚居，名士云集。当时有一个说法，叫"今之会稽，昔之关中"。这个话是谁说的呢？是晋元帝。会稽是南方土著士族的世居家园，也是北方士族南迁侨居的首选之地。他们中既有武力强宗,也有文化士族,既是政治、经济上的特权阶层,也有杰出的文化人才。一姓之中,数代相传或多人精于书画者,不在少数。他们以老庄思想为心灵皈依之所,思考生命意义、人生价值,为自己在险恶世事和逼仄困境中,开出一片随性任情、顺其自然的生活空间。此正如王羲之序文中"或取诸怀抱,悟言一室之内;或因寄所托,放浪形骸之外"的生活方式和"修短随化,终期于尽"的人生感慨,以及在山水陶冶和历史俯仰中以求当下安宁的心境。当时会稽名家荟萃,艺事繁盛。既有文人士子的群体雅集,如兰亭集会;也有两三子之间的切磋探讨,如谢安与戴逵的说琴论画;又有王献之雪夜访戴"乘兴而来,兴尽而返"的名士做派。如此浓郁的艺术生活氛围,使得文人艺术才情横溢勃发,孕育出璀璨的艺术珍品。此次雅集,"群贤毕至,少长咸集",正是世家子弟、文人士子间一次艺术切磋、思想交流的盛会,其意义远远超越单纯的文学及书法创作活动。著名美学家宗白华先生曾经说过:"晋人向外发现了自然,向内发现了自己的深情。山水虚灵化了,也情致化了。"兰亭雅集正是自然与深情的一次亲密相逢。王羲之的这篇序文表明,一代书圣的产生,并非只在书法的习练上,它是时代、思想、才情和生活历练的综合集成。

从王羲之活动的东晋到今天,中国书法史大半笼罩在他的影响之下。王羲之的书法作品,被历代无数的书法家及收藏家欣赏、临摹、学习。《兰亭集序》的绝世精彩,使得不少舞文弄墨、酷爱书法的士大夫,对这篇珍品朝思暮想,心驰神往。《萧翼赚兰亭图》表现了《兰亭集序》后来的命运,相传唐太宗将《兰亭集序》陪葬于昭陵,其后,《兰亭集序》真迹失存,但是皇帝与文人们仍孜孜追求王羲之的书信和摹本,将其视若至宝,传承于世。

唐太宗非常热爱书法,特别喜欢并广泛征集王羲之的作品。唐时,《兰亭集序》传至王羲之的七世孙智永手中。智永去世前,把它交给了自己的弟子辩才。唐太宗就跟辩才去征集这件书法作品,辩才当然不愿意拿出来,就说不在自己这里。唐太宗就派了他的一个官员萧翼,假装成一个商人,投宿到辩才的寺庙里,说自己是一个书法的爱好者,跟辩才做书法上面的交流,还把他随身携带的珍贵的书法作品,拿出来给辩才看。这样辩才就放松了警惕,把《兰亭集序》拿出来给萧翼观赏。在这个过程中,萧翼就把这件作品窃走,交给了唐太宗。清代乾隆皇帝也非常喜欢王羲之的作品,他有一个三希堂,珍藏了三件书法作品。一个是王羲之的《快雪时晴帖》,一个是王献之的《中秋帖》,还有一个是王珣的《伯远帖》,终日与之为伴。三件稀世珍宝,出自王氏一门之中,足以令人叹为观止。

孟子曾经讲过:"君子之泽,五世而斩。"意思是说,任何一个人的功名成就,留给后代的惠泽,都超不过五代。然而,王羲之却是个例外。王羲之作为书法帖学的开山祖师,对其后历代书家影响至深且巨,统治中国书坛一千多年,被誉为"书圣",影响至今不衰。对此,我们不得不感慨,政治、军事力量强大的王、郗两族联姻,保住了他们在世的富贵,却保不住后世子孙的荣华;而王羲之的一支毛笔,却写出了泽被千秋的不朽华章,不仅带来家族盛名的累世相续,更开启了绵延不绝的书艺传统。其恩泽所惠,超越家门,及于中华。由此可见,文化的力量,是更为基础、持久和深沉的力量。

王默与黄公望:水墨云山水墨画

导读:水墨云山,抒情写意,王默与黄公望,一位默默无闻,一位天下皆知,他们有着怎样曲折动人的故事? 他们和浙江山水,又有着怎样千丝万缕的联系? 被誉为"画中兰亭"的《富春山居图》,为何被分为两段?

山水画、花鸟画、人物画是传统中国绘画的三大门类。山水文化丰厚的古代中国,对自然山水有着极高的艺术品鉴标准。北宋山水画家郭熙说过:"山无云则不秀,无水则不媚,无道路则不活,无林木则不生。"所以"山以水为血脉，以草木为毛发，以烟云为神采。故山得水而活，得草木而华，得烟云而秀媚"。这话道出了艺术家心中的艺术山水的形态。历代山水画家对佳山秀水都有深厚的感情，孜孜追求山水艺术的表现。明代画家董其昌曾说："李思训写海外山，董源写江南山，米元晖写南徐山，李唐写中州山，马远、夏圭写钱塘山，赵吴兴写雪苕山，黄子久写海虞山。"可见画家们的山水表达热情和由此形成的不同风格。

魏晋时期的中国画，山水与人物互相依存。隋代以后，山水画才基本脱离人物画而自成一格。唐代开始，山水画分为南北二宗，北宗刚劲、工整，重青绿设色；南宗飘逸、简淡，重水墨渲染。追求平淡天真意境、寄托画家个人情怀的写意山水画，是最具中国绘画艺术审美特征的绘画形式，其中泼墨山水备受推崇。电影《唐伯虎点秋香》中，唐伯虎以祝枝山身体作画的场景令人印象深刻。这种绘画方式虽然带有夸张、戏谑的意味，却深刻揭示了中国绘画的不拘成法，这种思想与泼墨山水在本质上是一样的。

唐时，有一位王姓画家，名字至今尚难考定。史书上，有时记为"王洽"，但更多时候是写作"王墨"或"王默"。前者是因为他画水墨画，还以用墨见长，所以又有"王泼墨"的雅号；后者则可能来自于他基本上默默无闻的意思。与阎立本、米芾、黄公望、吴昌硕等为人们耳熟能详的大画家相比，在中国绘画史上的确很少见到他。为此，我们且以王默相称。王默的生平和作品，都有传奇色彩。画史上记载，他死了以后，灵柩很轻，"轻若空棺"。为什么呢？老百姓说他已经羽化成仙了。他为人处世非常狂放，叫作"疯癫酒狂"，"平生大有奇事"，不为人情礼法所拘，大多数的日子里居无定所，遨游于江湖之间。作画也是别有奇法：必是在饱醉之后，袒胸露臂，大呼小叫，将墨泼于画幅之上，按墨自然形成的状态，比如这里像山，这里像水，这里像树，勾勒成山、石、林、泉种种，涂出云霞，染成风雨，画成一幅幅烟笼云罩的泼墨山水大画。更有甚者，他还用头发蘸墨画画，有一点像现在的行为艺术。所以他的画十分狂放，同时也有他自己的奇趣。

　　王默开启了后代烟雨云山、泼墨山水的先河，举止癫狂、号为"米癫"的米芾及其子米友仁，就受其影响很深。米氏父子创造了信笔作之、烟云掩映的"米氏云山"。《潇湘奇观图》是米友仁的代表作，作品用淋漓水墨画江上云山、云雾变幻的奇境，却没有做具体细致的描写，追求的是苍茫雨雾中，自然界的特殊韵致。画面浓云翻卷，云气游动变化，峰峦在团团白云中若隐若现。尽管王默没有作品存世，但有他继承者的画在，有他生活过的浙江山山水水在，我们也能真切触摸到这位画师的内心。

　　王默到底是哪里人，不是很清楚，画史上对他的籍贯没有记载。他有两位老师，一位是唐代诗书画三绝的郑虔，在台州做官。还有一位叫项容，也不知道是哪里人，记载说是天台项容处士。天台，也是在台州那边。王默还有一位学生叫顾况，在台州临海做官，是唐代著名诗人，也是绘画爱好者，跟着王默学画。从这些情况看，应该说王默和台州的关系比较密切。王默的作品现在已经看不到了，但是据记载，在元代还能见到。黄公望就给他的《云山图》题过一首诗，叫《题王洽云山图》："石桥遥与赤城连，云锁琼楼满树烟。不用飙车凌弱水，人间自有地行仙。"从这首题诗可以看出，他画的是台州的山水景物。台州自然景色非常优美，居山面海，平原丘陵相间，形成"七山一水二分田"的格局，其括苍山、大雷山和天台山等众多名山，自古有"海上名山"之称，是绘画艺术表现的重要题材和灵感来源。

　　王默绘画艺术的价值，并不单纯在于其作品本身，首先在于其烟云墨戏的写意观念和极具个性的泼墨风格，开拓了一种新的绘画形式，丰富了绘画艺术的表现形式。他是写意观念、泼墨精神的化身，具有创造性的开拓超越意义。唐代浙江，王默与郑虔、项容、顾况、朱审、项洙、项信等人，直至僧人中的道芬、辩才，都以水墨尤其是墨色的变化写山摹水。他们或为浙籍人士，或为活动于浙地的官员、画家。相互之间既有师生传授，也有画技交流，发展脉络清晰。

可见自唐代开始，水墨山水画就已经产生并流布于浙江，它们与董源的绘画同为一体，是江南水墨山水的重要组成部分。王默不墨守成规地照搬套用传统画法，他善于按照自己对自然环境的观察体会，提取创作素材，提炼创作技法。这种精神是很可贵的，艺术贵在创新。但是他这个创新又不是信手涂抹的无本之木、无源之水，他有很扎实的生活体验、很深厚的技法基础和相对高超的创意灵感。

自南宋刘李马夏之后，山水之变，始于赵孟頫，至黄公望，乃成百代之师。黄公望出生时，正值奸相贾似道专权，南宋政权已十分腐朽。1276 年南宋都城临安陷落，文天祥、陆秀夫等人，先后拥立恭帝的两个弟弟亡命东南沿海。那一年黄公望才六七岁。少年的黄公望，并不想以画家终其身，而是希望有一番大作为。

水墨山水画发展到元代，技法更为成熟，风格更为多样，以笔墨简淡、意境清远的风格和文人画的丰富内涵，成为中国绘画的典型图式。此间，黄公望是不得不说的重要画家。黄公望是江苏人，画史上有一种说法，说他本姓陆，幼年时过继给温州的黄家。黄家老人一直没有儿子，他想到自己年九十而得此子嗣，不禁感慨系之，叹曰："黄公望子久矣。"意思是自己盼望有个儿子已经很长久了。于是为此子取名黄公望，字子久。与历史上许多文人画家一样，黄公望早年的心思并不用在画道上，着意的乃是仕途功名，想要做出一番大事业。然而直至中年，才谋得一个官差。后来又到大都（今北京）任职，"经理田粮"。但没想到他的上司是个贪官，黄公望因受牵连而坐牢，时年 47 岁。他从监狱里出来后，了却了政治抱负而以卖卜授徒为生，入全真道，隐居山林，云游四方，举杯邀月，放怀畅饮，临水独斟，对山醉卧，放浪于江湖间，寄情在诗画中，竭尽特立独行之能事，以致时人"望之以为神仙"。仕途上这场看似挫折的磨难，实际上让黄公望抛弃了虚幻的政治热望，促成了他在绘画艺术中获得归宿，走向了艺术生命的永生。

失意落寞的黄公望隐居于浓密的江南山林中,在杭州富阳度过晚年。传说,人们可以经常在富春江边看到黄公望,每当黄公望看到如意的景色时,便将其绘下。黄公望花费了三年心血,绘制出了《富春山居图》。这幅被誉为"画中之兰亭"的珍品,几经辗转到了吴洪裕手中,吴洪裕爱不释手,临死之际,要烧掉这幅画为自己殉葬,被人救下,但画作早已一分为二。《富春山居图》中,峰峦起伏,江岸连绵,坡石汀渚掩映于蓊蓊郁郁的松林竹木中,村落、亭台、小桥、渔舟点缀于山间江中,云树苍苍,平沙漠漠,飞泉流响,溪山深远,诗情画意交融。山水画至此,已如抒情诗。

黄公望山水画的基本风格,大致有两种,一种为浅绛设色,笔势雄伟;一种为水墨,笔意简远。他久居江南,50岁以后更是优游名山大川,纳自然山水于胸臆之中。他隐居富春江时,凡领略江山钓滩之胜,皆带纸笔而作速写模记。他的山水画素材,来自无数山水的佳胜之处;经过艺术加工后的千岩万壑,于笔墨意趣之中更显出或雄伟、或简远的情怀寄托与笔墨意趣。《富春山居图》是一个水墨长卷,画的是富春江一带的景色。作此画时,作者已年近八十,为写出自然山水的奇丽,更为了表达他心中的佳妙意趣,他常常云游在外,观察揣摩山川林木,以至于此图"阅三四载未得完备",就是画了好几年。此图在构图和意境上,取法五代董源《夏山图》而有变化;师从赵孟頫《鹊华秋色图》《水村图》而又有新的推进,构成了自己独特的风貌。画中表现的是富春江一带的初秋景色,峰峦起伏,江岸连绵,坡石汀渚掩映于蓊蓊郁郁的松林竹木中。画山有山的特点,山石用干而枯淡的线条写出,显得疏落有致、气势洒脱,把江南山石的结构形态都表现出来了。画树有树的画法,以浓墨、湿墨写干点叶,葱茏醒目,生意盎然。画江有江的画法,表现江景时借底以为江水,以浓枯墨勾出水纹,静中蕴动,境界开阔。山淡、树浓、江清,层次丰富多变,诗情画意交融,有清润、雅秀、开阔的意境。所以《富春山居图》堪称稀世之珍。

在绘画史上,黄公望及其《富春山居图》的巨大贡献,在于发展了文人水墨山水画的传统。黄公望将五代时董源、巨然一路平淡清远的江南山水画,推向画坛主流地位,并进一步发展为笔墨简淡、意境清远、具有强烈抒情性的文人山水画。明清以后,沈周、文徵明、唐寅、董其昌、清"四王"等著名画家都对黄公望极为推崇,绘画创作受到他的深刻影响。在中国的文化传统里,山水不仅是自然形态,它还与德性、哲思、智慧、情操、修养紧密相连,山水画由此进入最具经典意义的中国文化符号行列。它的笔墨、意象、意境、气韵,既是艺术的,更是情感的,浸透了中国人的生命感悟、天地体验,表达了文人热爱自然的情怀。

图 4-2 《富春山居图》局部

宫廷画师马远:风范典丽诗意浓

导读:靖康之变,宋室南渡。偏安一隅的南宋,绘画风格会有怎样的变化? 宫廷画师马远,为何会被称作"马一角"? 备受赞誉,饱受诟病,人们对马远作品的评价,又为什么这样"冰火两重天"?

南宋绘画是中国古代绘画史上的一座艺术高峰,南宋绘画之所以被后世推崇,很大程度上跟宫廷绘画有关。南宋四家李唐、刘松年、马远、夏圭都是宫廷画师,他们的绘画艺术是南宋绘画成就的代表。北宋灭亡,政权南移,南宋建都杭州,朝廷重设画院,北宋宫廷画家从北方来到了南方。当时有一句话叫

"李唐白发钱唐住，引出半边一角山"，就是说李唐来到杭州，开创了一个影响深远的绘画流派。至马远，以其高超的绘画技法和艺术表现力，极好地证明了技法对于艺术创作的重要性。

"李唐白发钱唐住，引出半边一角山。"马远绘画风格的形成，离不开李唐。宋徽宗政和年间，李唐前往开封参加当时皇家举办的画院考试，那一次的试题是"竹锁桥边卖酒家"。参加考试的人多在酒家上下功夫，只有李唐画"桥头竹外挂一酒帘"，深得"锁"的意味。李唐以第一名进入画院。机缘巧合之下，李唐在宋徽宗的儿子赵构，也就是后来的宋高宗那里做事。靖康之变后，李唐南渡投宋高宗。南宋朝廷重开画院，李唐重入画院。此后，画院很多画师临摹李唐的作品，其中以刘松年、马远、夏圭的成就最卓越，与李唐合称"南宋四家"。

马远成为宫廷画师，可以说是一个必然的人生选择。为什么呢？因为马氏世家，一门五代七画家，据史料分析，可以确定其中六位都是宫廷画师，包括马远和他的父亲。所以说马远的家族与生活、职业与事业、光荣与梦想，都与皇家相联系。宫廷画师是马远的一个鲜明的身份标识、立身之本，也是他获得荣誉和遭受批评的因缘之所在。

在 2013 年的一场拍卖会上，马远的《松崖观瀑图》，经过 30 轮竞价后，以4082 万元的价格成交，一举刷新了马远画作的拍卖纪录。今天，流传于世的宋画分散于世界各地，每一件都是稀世珍宝。马远是宋代画作存世较多的一位画家，这和他宫廷画师的身份不无关系。马远任职南宋光、宁宗两朝画院，作画题材广泛，人物、花鸟、山水，无所不能，无所不精。

马远是一个绘画艺术上的全能之才，画过山水、人物、花卉等大部分题材，而且都画得很好。作为宫廷画师，宫廷生活与帝王意图是其作品必须反映的题材，马远与他儿子马麟都画过不少这样的作品，有华灯侍宴、秉烛夜游的豪门盛典，有工巧典丽、精致富贵的皇家趣味，有年丰人乐、垄上踏歌的民生安乐，有宫廊雪霁、君王听月的宫中闲趣。《白蔷薇图》是马远折枝花卉的代表作品，这是马氏家族绘画特长和传统的体现。

图 4-3　马远《白蔷薇图》

马远画过很多这样的作品，具有工巧典丽、精致富贵的艺术特色，体现了经典的皇家审美趣味。在马远的山水画里，宫廷形影触目可及。据学者考证，南宋皇宫的建筑风格跟北方不太一样。北方皇宫，比如我们现在最熟悉的故宫，建在平地上，中轴线贯穿，两边对称，庭院深深，非常巍峨壮观。南宋皇宫建于凤凰山中，宫殿、亭台、楼阁、园林等建筑与自然山川高度融合。《雪景图》《风雨山水图》《雪中水阁图》《玩月图》等画作，在崇山峻岭或溪山无尽的连绵间，均安置有巍峨的殿宇、回旋的长廊、亭亭的楼阁，一改以往帝王宫殿金碧辉煌、庄严整肃的传统形象，在气韵生动的自然节律中，以"半山一角"的造境之趣和林木苍郁的山川气息，为后人留下了一个有关南宋宫殿的独特印象。民生的富足与安乐，是帝王们喜欢看到的太平盛世景象，于是也就成了宫廷画师的题材。马远有一幅非常著名的作品叫《踏歌图》，从内容到形式，都是南宋绘画的代表作。"宿雨清畿甸，朝阳丽帝城。丰年人乐业，垄上踏歌行。"这是《踏歌图》的题诗，马远正是以画来颂扬年丰人乐、政通民和、国泰民安的盛世之景。画面下部是近景，画老少相宜、踏歌而行的气象，活泼灵动；中景是高耸的山峰，宫阙在树丛中若隐若现。我个人认为，宫廷绘画具有皇家权威的象征意味,暗示着老百姓年丰人乐的生活,乃是朝廷带来的福祉。

图 4-4　马远《踏歌图》

　　马远最为后世津津乐道的,是画史中常称的"边角"之景。这种构图特色的形成,与马远所处的地域环境关系密切。不同于北方的雄浑奇伟,江南烟雨迷蒙,景色连绵悠远,这种景色显然不适合用浓墨重彩的笔墨和大山堂堂的构图来表现。马远提炼山中实景,置于画面边角,展示景物的美好;用渲染之法,描绘坡岸云雾的简淡之景,折射出千年墨韵。

　　马远的绘画艺术十分注重笔墨技法的锤炼,精严工致,体现出全面、成熟的笔墨技巧和功力,在很大程度上建立起垂范后世的院体绘画程式,特点与成就都十分显著。马远绘画的一个比较突出的特色,是在构图上。有一个说法叫"马一角、夏半边",形容的就是他们构图上的特点。《梅石溪凫图》是马远以半山一角的山水画构图表现花鸟的代表作品。画面的左边是山岩,上面是溪岸,山岩跟溪岸构成了山中一角的小景。画面主体是山溪流经岩弯时形成的水面和几只戏水的野凫。山岩上横空倒悬的梅枝如虬龙展体,笔法劲硬有力却又不失曲折游动之变化,梅花的点缀则增添了盎然生机和装饰美感,与戏水野凫相映成趣,以其动势打破了山涧的宁静,动中有静,静中有动,平添许多生趣。此画裁剪之妙、构图之巧与用笔之活,皆成趣味,雅意横生,"马一角"的构图特点,正可从中看出。

马远的画作，对后世影响深远。传说西湖十景中的"平湖秋月""曲院风荷""柳浪闻莺"等景名，都是马远这些画师画上的题名。作为当时独步画坛的名家，马远备受推崇，但否定马远的也大有人在。一种看法认为他的作品追求技法，缺乏艺术个性；也有人将他一角的构图，比附于南宋的半壁江山，斥之为残山剩水。

一般认为，宫廷画师只有技法，没有个人创作的灵性和情感，不注重画中诗意的表达，其实也不是那么绝对。我们在马远画中，可以感受到他有十分强烈的主观情绪的表达，也有自己想要表达的内涵，是有诗意在里面的。所以不能说宫廷画师只是匠人，只听命于皇帝，表达皇帝要他画的那些东西。精工的笔墨、精妙的构图、精彩的画面布局等技法元素，聚合强烈的主观感受和情绪，凝聚成马远绘画中的浓郁诗意，成为他独特艺术风格的显著特色。在马远画中，有劲爽的线条、方硬的块石、遒曲的梅枝，还有直立的山峰、寒江独钓的渔人，有水暖知春的野鸭、松下闲吟从容不迫的情调，还有举杯对月的雅兴、踏歌而行的欢乐。这种精心构思，加上他在这种造景之中抒发出来的独特感受，可以说是形神兼备，展示出独特的艺术表现力和创造力，令我们过目难忘。在马远这里，他其实都不需要用在画面上题一首诗的形式来表现诗意，他整个画幅里都有诗情喷涌，让你感受到浓浓的诗意。

黄宾虹说过一句话："有法之极，而后可至于无法之妙。南宋刘李马夏，悉由精能，造于简略，其神妙于此可见。"意思是说，南宋四家首先是非常讲究技法的，有严谨的法度。正是因为他们有扎实高超的技法匠心，才能够从精工巧制中开拓出简括图式、典丽风范、空灵诗意，走进自由高妙的艺术创新创造之境，达到无法之妙。这样的成就，绝非一些自诩崇尚意趣逸气、实则缺乏笔墨技法的所谓文人画家所能比拟。马远艺术成就的取得，绝非偶然。一门五代七画家的独特身世，赋予他充分的艺术灵性。在马远的心中手下，绘画也许仅仅就是绘画。他有稳定的生活环境、裕如的心境和可以完全投入的时间，来"经营"艺术的山水，表述他心中充满诗意的艺术感受，为后世留下了典丽的艺术风范。

吴镇与王蒙:只钓鲈鱼不钓名

导读:烟波钓叟,山居樵夫。吴镇与王蒙为何能位列"元四家"?在他们的画作里,文人隐逸有着怎样的独特意味?出仕与入仕,对他们的生活与作品产生了怎样的影响?

文人画是指文人学士创作的,以自然山水或梅竹为主要表现题材,重视思想学识、讲求笔墨情趣、追求气韵生动、抒发个人情感的水墨画作品。一般认为,文人画自唐代王维始创,经苏轼、米芾等人的极力推崇,至元代得到充分发展,臻于成熟。元代文人画以独到的理论、纯熟的水墨、抒情的写意,特别是诗、书、画、印"四美"合一的独特形式,将文人画推向发展高峰,表现出鲜明的民族风格,将中国绘画艺术升华至全新的审美境界。元代文人画的创作,浙江人可以说占尽画坛春光。元前期的赵孟頫、钱选,山水画"元四家"中的黄公望、王蒙、吴镇,花鸟画中的柯九思、王冕,这些超越前代的书画皆善的名家,都是浙江人。山水梅竹之间,凝聚着浙江的清丽山水、艺术天赋和文化个性,笔精墨妙,气韵悠长。

"采菊东篱下,悠然见南山",五柳先生陶渊明描述的悠然隐逸、超然世外的情景,是中国传统文人向往的生活。这在中国绘画艺术中得到充分描绘和表达,成为中国文人自我期许和嘉许的精神表征。"元四家"中,黄公望、倪瓒、吴镇、王蒙都曾有过隐居生活,而隐逸的方式又有不同。

从元代文人画的创作实践来看,文人画家并非是一个思想旨趣完全一致的群体。我们以文人画中常见的"山居""渔隐""高逸"等林泉隐逸题材为例，来做一个具体的分析。

中国绘画史上有相当数量的"渔隐图"及"渔父""舟渔""垂钓"图像，其中绝大部分不是渔民生活场景的真实再现，而是借此表现画家尤其是文人画家与"隐逸文化"相关的内心世界、自我精神。元代画家吴镇画过不少此类画作，与一些以"山居""隐居"为标榜、实质坐享自然风光，甚至故作清高、以"隐居"自我标举以招揽声名的人不同，他的"渔隐图"既是对传统题材的表达，更是他孤洁清苦、独善其身生活的自我写照，是真实的生命体验与艺术表现的融合。吴镇的性格很独特，他既自称是书生，又自号作道人，还自称为和尚。他以"儒为本"，以"道为用"，后来进一步求"空门"。这种独特的性格让他一生贫困，也使他的声名不彰于时。因此，史料的记载也就十分简略，可供后人稽考的依据大多就在他的诗画之中了。这为我们今天的研究带来困难，却让我们对他的真实心灵会有更为直接的体悟。有时，浮华世事带来的繁复热闹的文字盛誉，往往掩盖了一个人的真实本相。

吴镇既不做官，又不着意经营卖画，只有在遇到知己时，才主动送画。生活发生困难，他便以卖卜为生。其实，江南文人以占卜为生的现象非常普遍，这在《马可·波罗游记》中有过记载。马可·波罗在书中是这样说的："杭州人孩子一生下来，就喜欢找星占家占卜，大批这样的算命卜卦者，充斥市场的每一个角落。"所以吴镇等人皆能以卖卜为生。

从少年时代起，吴镇钻研的就是天人性命之学，长大后一直隐居乡里，既不往仕途上去求显贵，也不从买卖书画的经营中去求豪富，从来没有结交达官贵人的意愿和举动，文人之间的雅集也很少参加。生活困难时，他就到杭州等地卖卜，靠给人算命来维持生活。他酷爱梅花，自号梅花道人，也自称梅沙弥和梅花和尚，居家四周，遍植梅树。梅林中的吴镇，以赏梅自乐，以诗文书画自遣，甘于清贫淡定的生活。吴镇的孤傲自洁和自得其乐，来自于他的自信。虽然他的画名不为时人所重，却丝毫也不影响到他的心态。他有一个邻居叫盛懋，是当时一个非常有名的画家。盛懋门庭若市，有很多人拿着钱求他画画。吴镇这边却门可罗雀，他的妻子就与他开玩笑说他不如盛懋，但是吴镇跟他妻子说，20年后就不会这样了。可见吴镇拒绝的乃是身边的世俗，对于日后人们的认可和赞誉，他还是充满自信地在等待。所以晚年的"空门"并非彻底的"空"，对艺术、对生活、对自我价值受到肯定，他都是大有期待的，相信岁月之河的大浪，足以淘尽沙砾而使真金闪烁。现在来看，吴镇果然超越了盛懋。

与吴镇同列"元四家"的王蒙，则选择了另外一种隐逸生活——山居。王蒙出身高贵，是元代初期书画大家赵孟頫的外孙。王蒙的隐居，不只是为了描山摹水，也不是出于富家子弟坐山观景的闲情逸致，实在是形势所迫。王蒙处于元末明初，战乱频繁，王蒙终其一生，官而隐，隐而官，在世俗与山居之间游走，最终误了自身性命。明初，朱元璋的丞相胡惟庸曾请王蒙到府上看画。洪武十三年（1380），胡惟庸因通敌罪被处死。王蒙因为和胡惟庸有过接触，而被捕入狱，于洪武十八年（1385）冤死狱中。

王蒙是湖州人，他隐居在杭州余杭的黄鹤山，给自己取名叫黄鹤山人，在山上面修了一个莲花精舍。吴镇是一个真正放弃了世俗繁华的人，而王蒙的隐居黄鹤山，却并非只是为了描山摹水、澄怀悟道，也不是富家子弟坐山观景的闲情逸致，实在是形势所迫。王蒙出身于富贵家族，自己富有才华，结交的又是达官贵人，这便使得他有往仕途上求发达的期望，也果然谋到了官职。可惜生不逢时，尚未等到显达，便硝烟四起了。各地农民纷纷暴动，目标直取各色官吏和大地主。乱世中的王蒙，不免担忧起身家性命的安危，这实在比功名更重要。于是他便抛弃官职，跑到了黄鹤山去隐居。但他一边在山中以诗画会友，与黄公望、倪瓒等人往来唱和；一边仍然难以忘怀仕途，时常出山活动，视时局的变化而调整自己的或隐或仕，寻找进入官场的机会。王蒙的朋友们看着他在错综险恶的局势和官场里行走，实在为他担忧。倪瓒就曾对他有过劝告："野饭鱼羹何处无，不将身作系官奴。陶朱范蠡逃名姓，那似烟波一钓徒。"意思是说，一般的粗茶淡饭哪里都会有，何必要和官场有这么多的瓜葛呢？还是做一个自由的钓徒，过自在隐居的生活更好。王蒙不顾朋友劝告，执意孤行。因此，王蒙的"山居""隐居"，并不相关于气节、风骨，只是权宜之计；他作为文人画家的艺术成就，也更多的应该从艺术才情和表现技法上去认识。

吴镇画《渔父图》，往往是墨气厚润的千重山，浓浓郁郁的万丛树，波平浪静的一湖水，云淡风轻。或是一叶小舟载着隐士垂钓其中，或是隐士顾自抱膝独坐，与山色湖光相看两不厌。画作常用湿墨染之，数百年之后，仍有"幛尤湿"之感。王蒙则是画山的高手，常年的山居生活，为王蒙积累了自然山川的素材和氤氲变幻的深刻印象，尺幅之间，表现出山川雄伟繁复的磅礴气势。

吴镇的绘画艺术造诣十分深厚，他跟黄公望一样，师法的都是董源、巨然这一路的文人山水画风格。跟黄公望简淡清远的风格比较，吴镇多用湿笔重墨，自有一派苍苍莽莽的林下之风，形成了自己润笔湿墨、苍劲沉郁的画风。《洞庭渔隐图》是吴镇的代表作，画上有他自己的题诗："洞庭湖上晚风生，风揽湖心一叶横。兰棹稳，草衣新，只钓鲈鱼不钓名。"它是一河两岸的构图，画面中间是河，河中芦草青青。下面是苍松挺立的此处河岸，上面是坡长汀远的彼岸山景。画面的焦点是一叶孤舟，隐者驾着孤舟飘然而至，无牵无挂，不得不失，抱朴守真，独与天地精神相往来。整个画面烟水氤氲，表现出隐居生活的情景。岸边的坡石、山石、树丛，都用了非常浓重的墨色，以苍劲沉郁的画风表现郁郁葱葱的江南景色。

王蒙是一位具有很高天赋和艺术才能的画家，特别是常年的山居生活，为他积累了大量山川素材，形成了十分为人称道的密体画法。王蒙在笔墨上有极深厚的功力，他最能大胆取用重岩迭嶂、万壑千山的题材，最善于细致经营峰回路转、曲径通幽的构图，当时的文人山水画家，无人能与他匹敌。他十分注重笔力的锤炼，尤善以行草、篆箍笔法作画，自称："老来渐觉笔头迁，写画如同写篆书。"倪瓒赞其为："叔明笔力能扛鼎，五百年来无此君。"《青卞隐居图》是王蒙的代表作。此图画湖州卞山大貌，取雄奇高峻的全境构图，表现气势磅礴的千岩万壑。画家先以干笔淡墨勾出山石轮廓，再以焦墨按石壁纹理反复加细而密的披麻皴、解索皴作短线皴擦，特别是有一种牛毛皴的皴线，非常短，表现出了江南山石湿润、土质厚重的质感。然后以淡墨微染，加各种点苔，笔墨变化丰富多彩，使得山色更显繁茂深郁，生机勃勃。画面全局几无空白，但却还是清新通透的一个山色，没有壅塞的感觉。董其昌题此画称："此图神气淋漓，纵横潇洒。实山樵平生第一得意山水。"这种画得密、画得满而又密而不塞、实中有虚、具有深远空间感的特点，在《夏日山居图》《葛稚川移居图》《夏山高隐图》等作品中，都表现得十分突出。王蒙对后世绘画艺术产生了巨大影响，尤其是他重视笔墨技法的"刻画之工"，为一些自诩崇尚意趣逸气、实则缺乏笔墨技法的所谓文人画家，做出了十分正确的表率。

在中国文人的传统观念里，常常把洁身自好、孤芳自赏、绝意仕途，当作清高脱俗的一种人生境界。其实我个人觉得，出仕与否，倒也不是衡量一个人对错与人品高低的标准，只是审时度势与量力而行实在是十分必要的。毕竟从事政治斗争所需要的谋略，与画中山水的经营，两者之间的差距实在是有万里之遥。在古代等级森严的儒家文化传统里，个体自由、尊严、价值的实现，都是社会生活中难以实现的愿望，很多人就到文学艺术中去寻找寄托，艺术品就此成为表达自由意志、独立精神的载体，所以就出现大量表现山居、渔隐、高逸主题的作品，形成了与注重群体利益的社会价值体系相对立，也可谓相互补的注重个人精神、个性解放的文化价值体系。我认为，这个就是文人画这种艺术形式作为一种文化符号、文化精神的意义和价值之所在。

写意画家徐渭：笔底明珠无处卖

导读：他被誉为中国凡·高，是 16 世纪一颗耀眼的明星。他经常被和阿凡提相提并论，是百姓眼中智慧的象征。"几间东倒西歪屋，一个南腔北调人。"徐渭，拥有旷世才情，却贫病交加，他有着怎样坎坷的命运？后世画家为何对他推崇备至？

这是一个一生悲苦激愤而又才情高华的艺术家，这就是明代泼墨大写意花鸟画家徐渭。说到徐渭，民间百姓与文人艺术家，对他都极为推崇。在民间，徐渭以"徐文长"之名与阿凡提相提并论，有一个说法叫"西有阿凡提，东有徐文长"，都是民间故事中有名的机智人物。他们用个人智慧对抗强权，扶助弱势群体，为老百姓解忧排难，具有机智幽默的超人才华和不畏强暴、扶贫济困的个性品质，受到老百姓的热爱。在艺术界，有人称徐渭是"中国凡·高"。为什么这么说呢？因为徐渭跟凡·高一样，都有很高的绘画艺术成就，但是生前怀才不遇，甚至试图自杀。有一个细节，凡·高曾经自残，把左耳割下来，徐渭也是利用锥刺两耳。这个细节特别相像，所以就有"中国凡·高"这样一个说法。但是不管怎么说，徐渭就是徐渭，他有自己艺术上的成就。

公元 1521 年，徐渭出生在浙江绍兴。徐家祖上是城里的名门望族，但是到他父亲这一辈，家境已经大不如前。相传，在徐渭出生的第一百天，他的父亲撒手人寰。徐渭的生母出身卑微，或许正是因为这个原因，在徐渭 10 岁那年，他的母亲竟然被赶出了家门。这让年幼的徐渭深刻体会到了庶子的悲哀，为他之后的性格变化、人生苦境，埋下了伏笔。

徐渭的一生，非常艰辛。其实他家境是不错的，他父亲是朝廷的官员，但是他的家庭关系比较复杂。幼时父亲去世，生母被赶出家门。得不到亲生父母的疼爱，在家庭生活中地位低下，有寄人篱下之感，这对他的性格是有影响的。同时徐渭本人天资聪颖，他 6 岁开始读书，9 岁就会写很好的文章，远近闻名，是一个神童。这样的经历，养成了他一个什么样的性格呢？一方面他孤傲自赏，另外一方面又郁郁寡欢。徐渭长大以后，在个人事业的发展上，又不顺利。20 岁中的秀才，然后到 41 岁，考了 8 次，都没有中举。他自己做过很多关于应试的努力，也给主考官去做过解释，他的恩主胡宗宪也帮他去跟考官推荐，但是都无济于事，就是没有考中。

20 岁到 40 岁这 20 年，是徐渭消沉的 20 年，也是他遍尝人生疾苦的 20 年。不过，他的前途很快有了转机。明朝中期，浙江沿海倭灾频发，引发了徐渭投笔从戎的雄心。在参加了几次守城战役之后，他结识了总督东南七省军务的胡宗宪。徐渭在他的文章里，记录了进入胡宗宪幕府后，那段自由纵情的快乐时光。此后，徐渭积极向胡宗宪献计献策，为平定倭患，立下了汗马功劳。

明代历史上的一件大事，是倭寇侵犯东南沿海地区，这也是徐渭人生中的一件大事。徐渭 34 岁时，倭寇进犯浙闽沿海，他平时喜欢阅读兵法，有自己的谋略见解，先后参加了一些抗倭战役，出谋划策，初步显示出军事才能，引起了浙江巡抚胡宗宪的注意。4 年以后，胡宗宪任闽浙总督，就招徐渭去做他的幕僚，帮他抗击倭寇。徐渭当时很犹豫，他一方面觉得胡宗宪有抗倭的谋略、决心，很是佩服。另外一方面，胡宗宪依附权臣严嵩结党营私，做一些徇私枉法的事情，徐渭对此是不认同的。但是最后觉得胡宗宪对他这么赏识，士为知己者死，也就去了。去了以后，帮助胡宗宪打了一些胜仗，解决了一些很棘手的问题，所以受到重用。这 4 年，是他一生中才尽其用、志得意满的快意时期。

但好景不长，严嵩倒台后，胡宗宪也被逮捕，自杀了，这对徐渭是个致命打击。一方面，他对胡宗宪非常感恩，恩人自杀，他既十分痛心，更担忧自己受到迫害。另一方面,他本来科考就不顺,家庭生活也有变故,原配夫人去世。他生性本就敏感、狷介、偏激,加上各种打击,于是在对人生的失望悲愤中,精神失常。后来,徐渭在一次狂病发作时,怀疑继妻张氏不贞,将其杀死,因此被关入监牢,服刑7年。在朋友的解救下,徐渭借明神宗即位大赦之机获释,此时已经53岁。此后,生活愈益潦倒,心境愈益压抑,处世愈益狷介,行为愈益狂放。晚年乡居的日子里,他极度厌恶富贵有权势的人,拒绝与他们交往。"显者至门,皆拒不纳。当道官至,求一字不可得。"他的狂病也愈加严重,反复自伤、自杀,或自持斧击破其头,或槌其囊,或以利锥锥其两耳,深入寸余。先后9次自杀,均不得死。徐渭一生不治产业,钱财随手散尽,只靠卖字画度日,常常"忍饥月下独徘徊"。晚年贫病交加,所蓄书籍数千卷尽数变卖,常常断炊。但他狷傲愈甚,倔强如初,不肯向富家贵室低首乞食。万历二十一年(1593),徐渭在穷困潦倒中去世,身边唯有一狗与之相伴,床上连一张席子都没有。

"几间东倒西歪屋,一个南腔北调人。"这是徐渭对自己一生的写照。"苦无尽头,到苦处休言苦极。"这是徐渭对自己一生的喟叹。如此癫狂痛苦的人生,世所罕见,明代袁宏道在所作《徐文长传》中说:"古今文人,牢骚困苦,未有若先生者也。"

徐渭一生命运多舛,他将自己的悲愤和怀才不遇之感,融注于笔端,绘就了一幅又一幅水墨名画。他是中国"泼墨大写意花鸟画派"的创始人。他的写意花鸟画,气势纵横奔放,笔简意赅,"不求形似求生韵"。用墨多用泼墨,被徐渭自称"戏抹"。层次分明,虚实相生,以情写意,淋漓生动,极具韵味。

徐渭一生潦倒失意,孤独凄惨,而艺术的才情却在不堪的境遇里恣肆生发,化为艺文,超逸有致,气格高华。徐渭认为自己书第一、诗第二、文第三、画第四,可以看出他对自己书法非常看重。徐渭的行草书方圆兼济,笔意奔放。他对王羲之法帖心摹手追,同时也取法宋人。狂草书气势磅礴,字体大小相间,墨色浓淡交替,章法正欹相依,节奏颇具韵律。初见纵逸狂放,有粗服乱头之拙,但是如果你懂他这个人,细品他的书法,就能读得出他的苍古遒媚、真气淋漓,极尽生动变化。他将一生的不平之气,都于汪洋恣肆的笔墨中宣泄而出,以强烈的个性强化了书法的表现力,开出一代书法新境。但是,徐渭的这种风格,特别是深蕴其间又喷薄而出的强烈情感,很难为一般走马观花或附庸风雅的人所理解欣赏。他曾自我消解说:"高书不入俗眼,入俗眼者非高书。然此言亦可与知者道,难与俗人言也。"说的正是知音难觅的无奈。

虽然徐渭自认书法第一,但我们最为熟悉的,还是那个作为画家的徐渭,他是一个绘画全才,擅长山水、花卉、人物。徐渭失意的人生,使他未能进入主流社会,却获得了观察评价时事人世的独特视野。他因不甘而尖刻,因不平而激愤,因不屈而发出大胆的嘲讽和批判。他的画作豪放淋漓,洒脱不羁,追求的是本性的率真和自由,配合题诗,可以感受到那种激愤、不平、孤傲、悲壮的情怀。明代花鸟画创作的基本轨迹,大体上可分为宫廷花鸟画和中期以后的文人花鸟画。徐渭大胆变革,别开生面,不以陈规法式为范围,追求"无法"中的"有法"、似乱实不乱的效果,创泼墨大写意花卉,极大地提升了传统花鸟画的美学境界。在《墨葡萄图》中,点、线、面巧妙自如的章法布局,极具匠心。茂盛的叶子以大块水墨泼染而成,墨分浓淡,水汽充盈,风格疏放,不求形似;寥寥数笔勾出的虬曲枝干,粗枝苍劲,藤蔓飘逸灵动,笔势徐疾之间表现出丰富的运动轨迹;葡萄掩映于繁密的枝叶藤蔓中,通过水墨渲染,能够感受到晶莹剔透的质感。他在画中追求的不是单纯的形似、单纯的法度,而是"不求形似求生韵",重在于似与不似之间,追求超脱物质形态的自我精神的实现。徐渭纵逸狂放的狂草笔法,赋予其绘画作品极为丰富的表现力和肆意变化的空间。在笔走龙蛇的倾泻中,时时可见凛然之气,勃然不可磨灭,气韵生动。正如张岱所言:"今见青藤诸画,离奇超脱,苍劲中姿媚跃出,与其书法奇崛略同……故昔人谓'摩诘之诗,诗中有画,摩诘之画,画中有诗';余亦谓青藤之书,书中有画,青藤之画,画中有书。"

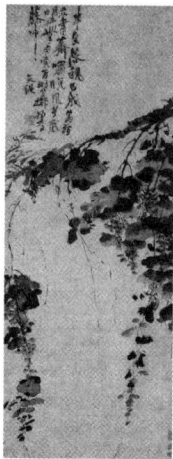

图 4-5　徐渭《墨葡萄图》

　　徐渭在穷困潦倒中去世,终年 73 岁。徐渭生前籍籍无声,死后却暴得大名。"扬州八怪"之一的郑板桥,对徐渭特别推崇,他有"青藤门下牛马走"印。徐渭将中国写意花鸟画的技巧,提高到了前所未有的高度,开创了大写意画派的先河,为文人画的发展提供了广阔的空间。其画风对清代的八大山人、石涛,以及近现代的吴昌硕、齐白石等,都产生了深远影响。

　　英雄失路、托足无门、知音难觅的徐渭,一生不幸。然而,这个蓬首垢面、满身创伤的苦难老人,却从其人生际遇、生命体验和不懈抗争中,获得势若喷涌的创造力,在诗、文、书、画、戏剧的世界里,还原出他被世俗人间摧折的玉石光辉。"半身落魄已成翁,独立书斋啸晚风。笔底明珠无处卖,闲抛闲掷野藤中。"这首诗是他生前对自己人生的激愤写照,而我们今天则欣慰地看到,他在现实生活中无处售卖的笔底明珠,却在他身后的艺术世界里获得高度认可,超越了带给他无尽凄凉悲苦的彼时岁月,在历史的天空里熠熠生辉。

音乐篇

　　黄大同，上海音乐学院音乐学博士、教授（二级）。浙江省首届音乐艺术成就奖获得者。多年来担任国家社科基金艺术学项目评委、评审组召集人，包括国家社科基金艺术学重大项目音乐评审组召集人、国家社科基金艺术学重大选题评委；曾任浙江歌舞总团总团长，浙江省艺术职业学院副院长，浙江省文化艺术研究院院长等；现任浙江省长三角非物质文化遗产研究院院长、东亚乐律学会中国会长、亚洲艺术教育协会中国会长、国家文化部音乐学科专家组成员、国家文化艺术专业标准化技术委员会委员、浙江大学中国艺术研究所特聘研究员、温州大学教授、华中师范大学音乐学院客座教授等。

东皋心越：日本古琴复兴之祖

导读：他是鉴真东渡后，又一名对日本艺术产生重大影响的高僧。他复兴日本琴道，被日本奉为近世琴学之祖。他的一生，有着怎样的故事？为何日本琴道，在他手里复兴？

唐代鉴真和尚东渡日本，传播中国文化的故事，家喻户晓。但在明末清初之际，浙江也有一位和尚东渡日本，传播中国文化，名扬东瀛，却在中国鲜为人知。尤其是在 20 世纪 90 年代末以前，在我们浙江，很多人还都不知道他的情况。我也是因当时需要接待来杭寻找他足迹的日本学者，才开始对他做了一番了解和研究。了解以后我们才知道，原来他是自唐代鉴真之后第二位对日本文化艺术产生重要影响的杭州高僧，日本尊称他为"日本曹洞宗寿昌派的开山祖师""日本的古琴复兴之祖""日本的篆刻之祖""日本汉诗文的有力促进者"。他还是水户藩主德川光圀的老师，德川光圀将军在日本权高位重，不仅掌管水户地区即今茨城一带，也是事实上掌管江户即今天东京一带的统治者，所以这位从杭州走出去的禅师在日本还具有相当于国师的地位。于是我们浙江方面对他的关注迅速升温，自 2000 年起，中日双方以他为主题，合作组织了一系列的研讨会、音乐会等交流活动。比如 2016 年，为纪念他逝世 320 周年，我们在杭州举办了由中国一流古琴家演奏他作品的古琴音乐会，并且又在日本他的寺院——位于茨城水户市的祇园寺，以及茨城大学等地，连续举办了纪念他的古琴音乐会和学术研讨会。上海音乐出版社还专门出版了他的一套琴谱集，就连灵隐寺边上那座美丽的永福寺的恢复，也与这位禅师有关。他是谁呢？他就是东皋心越禅师。

东皋心越的出家,和动荡的时局有着密切的关系。清军通过山海关,挟铁骑踏破中原,直抵江南。嘉定三屠、扬州十日,秦淮河上血溅桃花扇。江南的抗清斗争此起彼伏。浙江金华蒋家,也参与了反清复明的斗争。1646 年,清军突破浙江和福建,危机之下,蒋家将年幼的孩子,也就是东皋心越送到了几百里之外的苏州报恩寺。此后,东皋一生与佛结缘,风雨飘摇,历难颇多。

东皋是他的号,心越是他的字,他的法名叫兴俦。关于东皋心越,很多日本人士,都说他叫蒋兴俦。姓蒋,名兴俦。其实这是错误的。因为他的俗姓姓蒋,但是他的法名是兴俦,蒋这个俗姓和兴俦,是完全不能搭配在一起的。如果一定要在兴俦前面加姓的话,那应该叫释兴俦。心越于 1639 年出生于浙江金华府浦阳县的蒋氏人家,该地现属兰溪市柏社乡洪塘里村。8 岁时,也就是1647 年,被父母送到苏州报恩寺出家。为什么他这么小就要远离父母被送入佛门? 如果我们了解当时历史,就可对原因做出推断。心越出家的前一年,是1646 年。那一年清兵挥师江南,南明政权的大学士朱大典,率领金华府各县军民,拼死抵抗,但最终失败。我们从心越禅师的长兄蒋挺在日本的谈话记录内容可知,这一时期,大心越 17 岁的哥哥蒋挺正任南明政权的监军,参加抗清斗争。根据这一时期正是清兵攻占金华府大肆屠杀,及心越的家庭卷入抗清的情况可推测,心越父母是为了保护他们的血脉——年幼心越的生命安全,才狠心把 8 岁的心越送入离浦江十分遥远的"吴中第一古刹"——苏州报恩寺,走得越远越好。显然,抗清的种子已经在年幼心越的心底种下。在他成年之后,也加入了南明政权在福建一带的抗清活动,有数年之久,最后在福建抗清失败后回到了浙江。这在他到日本后所写的《东渡述志》一诗中有所表露。而且他的东渡,与抗清斗争失败的压抑心境有关。

1668 年这一年,心越从福建回到浙江,投入位于杭州皋亭山半山腰的上塔伏虎禅院住持阔堂大文的门下。上塔伏虎禅院里面有伏虎禅师塔。据记载,北宋高僧伏虎禅师原居江干五云山,每次到杭州城,必骑虎出入,回山时则花钱买猪头饲虎。有一日回山迟,虎饿而偶伤一人。于是伏虎禅师移至皋亭山,后在此圆寂。心越在上塔伏虎禅院参禅两年后,即 1670 年,获得印可,成为曹洞宗寿昌派第 35 代嗣法弟子。用今天的话说,他读的学校是杭州上塔伏虎禅院,他是中国佛教曹洞宗寿昌派专业的第 35 届毕业生。毕业以后他就来到杭州一个名叫永福寺的寺院,在那里一待就是 6 年。

杭州素有"东南佛国"的美誉。南宋时,皋亭山上寺庙林立,宋高宗南渡时,曾入住这里的千年古刹龙居寺。东皋心越所处的明末清初,皋亭山依然香火不辍。上塔伏虎禅院成了他后来开宗立派的祖庭。两年以后,他到了永福寺修行。如今,在灵隐寺的旁边,有一座美丽的永福寺。2016 年 9 月 14 日,《东皋琴谱》回归首发式就是在这里举行的。不过,东皋心越所处的时代,杭州有 5 所永福寺,他在哪个永福寺修行,至今还是个谜。

很多日本书籍,包括中国很多人都认为,心越到了永福寺,这个永福寺就是灵隐边上的永福寺。但心越是不是在这个寺待了 6 年,还是有疑问的。因为,杭州那时有 5 个叫永福的寺院,灵隐边上的永福寺是一个,今天武林门孩儿巷有一个,皋亭山上有一个叫永福禅院的,孤山上唐代也有个叫永福寺的寺庙。那么,这个他住了 6 年的永福寺究竟在哪里呢?

第一,心越在日本留下的诗文里,说自己在什么地方呢? 是永福禅院,不是叫永福寺。院和寺是有区别的,大的佛教禅院叫寺,小的佛教禅院叫院,东皋明明白白、白纸黑字写下,他当初待了 6 年的地方,叫永福禅院,不是永福寺。第二,心越的师父阔堂大文,起先是在皋亭山脚的一个著名大寺叫崇先显孝禅寺成为曹洞宗寿昌派第 34 代弟子的。后来离开崇先寺,来到几百米远的上塔伏虎禅院,做住持。那么你想,他的师父是从一个大寺出来,到附近的小寺院担任住持。心越要出来时,就在皋亭山上找一个寺院,这个可能性不是没有。因此,以毕业于院而不是寺的等级身份以及他师父的情况类推,心越似乎也应该到附近的一个院,至少不会去路途远、级别高的永福寺担任住持。而恰恰在皋亭山上,离上塔伏虎禅院不远的地方,就有一个叫永福禅院的寺。第三,更重要的证据是,他自称东皋心越,这个名称是他到了日本后自己起的。但是这很奇怪,因为佛教人士的名称,一般前面是字,后面是法名。心越的师祖叫觉浪道盛、师父叫阔堂大文,师父称心越叫心越兴俦,日本祇园寺门前立的碑文也称心越兴俦。这些名称都是由字加法名构成的。按照佛门名称规范,心越应该自称心越兴俦,但他到了日本后却经常自称东皋心越。为什么这么自称?"东皋"是哪来的?有人说"东皋"是取自浦江县山上的一个亭子的名称。根本不是。查清朝时候的《仁和县志》,上面说得非常清楚,我们今天的半山,今天的皋亭山,当初的简称就叫"东皋"。原来心越禅师取这个号是为了纪念对他十分重要的、入曹洞宗寿昌派之门的地方。如果按一些日本和中国人士说的,心越是永福寺住持的话,他应该在日本自称永福心越了。

心越住过 6 年的永福禅院究竟在杭州哪里,还是一个有待考证的问题。但不管怎么说,有一个关键的问题我们可以确定,日本寿昌山祇园寺的祖庭,是杭州皋亭山上属于曹洞宗寿昌派的上塔伏虎禅院,而绝对不是灵隐寺旁边的永福寺(可惜的是,上塔伏虎禅院早就被拆除,现在只立了一块碑作为标记)。心越于 1670 年在上塔伏虎禅院成为曹洞宗寿昌系第 35 代弟子后,踏上了他新的佛学人生和艺术人生之路。从此时此地开始一直到在日本去世,在其琴乐与篆刻、书法、绘画、诗歌等创作、传播活动中,均留有反映这一人生重大转折的痕迹。

作为中国传统文化的代表,琴棋书画四艺,琴排名第一。"七弦为益友,两耳是知音。"古琴又叫七弦琴,是世界上最古老的弹拨乐器之一,距今已有三千多年的历史。在中国流传的琴曲中,有相当一部分曲目附有歌词,可以吟唱。琴曲与诗歌互为补充,被称为"琴歌",也称"弦歌",而心越所学、所传的,正是这种琴歌。

在上塔伏虎禅院的 2 年加永福禅院的 6 年,共 8 年时间内,心越在杭州除了参研佛法以外,还在从事一项重要的活动,那就是学习古琴音乐。他有没有古琴老师呢？有！心越留在日本的文献里面，说了他的老师叫作褚虚舟，这个名字有点禅意的感觉，但褚虚舟到底是一个什么样的人，现在无资料可考。由于心越带到日本去的琴谱中有一本是《琴学心声》，并且他的琴谱中有经庄臻凤校正的指法，古琴界一些人就认为该琴谱的作者庄臻凤是心越的古琴老师。庄臻凤是江苏著名琴家，非常喜欢杭州，一直客居西湖弹琴。但 1668 年心越从福建回到杭州时，庄臻凤其实已经去世了。所以在心越从福建回到杭州这 8 年期间，是没有碰到庄臻凤的。但是有一点可以肯定，他一定是研习了庄臻凤的谱子。根据他在日本传授的绝大多数都是琴歌的情况来看，在杭州期间，他学习、弹奏以及与人交流的古琴音乐主要是琴歌，就是边弹边唱的古琴曲。这是因为，在明中叶至清初期间，江南兴起弹唱琴歌的风潮，一批琴家先后刻印了不少琴歌谱集，使琴歌艺术活跃了起来。庄臻凤就受到了这一思潮的影响，他创作的 14 首琴曲中，有 8 首是琴歌。很明显，明清之际琴歌音乐掀起高潮的这一历史特点，对心越一生琴学的影响是巨大的，也成为他在日本开拓琴学实践传承的方向。

1676 年，心越禅师从杭州东渡日本，这一待就是 19 年。当时江户的统治者德川光圀，拜了两位中国老师。一位是朱舜水，德川光圀在他的教育下，开创了独树一帜的水户历史学派；另外一位就是东皋心越。在日本，心越禅师一边弘法，一边授艺，求教者接踵而至，声名远播，被尊为篆刻和古琴之祖。其中，功绩最大的，当数琴道。

他主要的贡献，是在佛教思想和古琴音乐上面。至今日本仍有两座寺院，奉心越禅师为开山祖师：一座是位于茨城县水户市的寿昌山祇园寺，另一座是位于群马县高崎市的少林山达摩寺。当时的水户原有一个年久失修的旧寺，叫天德寺，在水户藩主德川光圀的策划和安排下，心越禅师主持了该寺的复建工作，1691 年工程竣工，由心越禅师当家，并开堂说法。由于他属佛教曹洞宗寿昌派传人，所以该寺被重新命名为寿昌山祇园寺。开山典礼十分隆重，那一天,德川光圀带领了一大批儒官、武士前来出席,并且光圀身着礼服,亲自主持典礼,到场的日本各地佛教人士多达 1700 余人,这是日本佛教界从未出现过的盛况,足见心越禅师在日本佛教界的重要地位与影响。现在我们若去祇园寺,可以看到院子里有他的墓地,寺院的内堂供奉着他的坐像,寺内还珍藏着他创作的一批绘画、书法、篆刻和诗文作品,以及他手写的古琴乐谱与从杭州带去的一支明代竹笛。

在艺术上,他最重要的贡献,就是古琴音乐。早在中日文化交流最为兴盛的唐代,中国古琴就与雅乐中的其他乐器一起传至扶桑,许多日本早期典籍,都有明确的记载,日本皇家仓库——正仓院至今还保存着唐代传到日本的古琴。但在唐之后到心越禅师东渡之时,古琴已在日本被束之高阁 500 年之久。东皋心越演奏和传授的从杭州带过去的古琴音乐,使当时日本社会各界大开眼界,前来请教者络绎不绝,致使后来日本琴人队伍不断扩充,达到数百人之多。由弟子们收集、编辑的多种版本的《东皋琴谱》,也在日本不断刊印。从此,在日本失传了 500 年之久的中国古琴音乐,又得到复兴。所以《日本琴史》说:"琴学盛于日本,实师(东皋心越)之功也。"这就是他被称为"古琴复兴之祖"的原因。为什么在已经是琴学荒漠的日本,东皋心越能迅速而成功地使众多的日本人对古琴产生兴趣,进而学习古琴、传承古琴呢? 理由很明显,因为禅师在日本所传授的,基本上都是短小精悍、通俗易懂的琴歌。如果他教很高深的古琴曲子,日本学生就很难接受。这些琴歌,不仅是传统的作品,有些还是他亲自创编的。有一本心越禅师在日本传授的琴谱,里面注有日文,所以叫作《和文注琴谱》。很明显,这是日本人为了方便学习而标注的。他在日本的演奏与推广,使得在日本沉寂多年的中国古琴艺术又流传了 300 多年,中日文化交流史也因他而谱写了新的篇章。300 多年后,我们又通过一系列的活动,把心越禅师从杭州带到日本的明清古琴音乐,接回到了杭州。近年,杭州还把他的古琴音乐确定为市级非物质文化遗产项目,这个意义是非常大的。

图 5-1 《东皋琴谱》

所以说，东皋心越禅师既对日本文化产生了深远影响，并推动了日本古琴音乐发展，同时他的琴乐作品又作为明末清初传承下来的非物质文化遗产，在当代中国发挥作用。而这一切，都来自浙江、源出浙江，是浙江的人文贡献。

山歌双璧：嘉善田歌与畲族山歌

导读：诗以传情，歌以咏志。嘉善田歌、畲族山歌，表达了歌者什么样的情感？属于山歌种类的嘉善田歌，为什么被称作田歌？畲族山歌，又为什么和两千多年的《诗经》，结构如此相似？

浙江民歌丰富多彩，数量繁多。正如一首淳安流传的山歌所唱的那样：一把芝麻撒上天，肚里山歌万万千，我南京唱到北京转，搭起花台唱三年。但我们大家是否知道，民歌指的是一种什么样的歌曲呢？比如从浙江走出去的歌唱家吕薇在中央电视台用浙江方言唱的《采茶舞曲》，算不算民歌呢？

社会上对民歌是一种什么歌曲的认识，常有混淆。因为，民歌这个词是一个简称，它的全称有两个：一个是"民间歌曲"，另一个是"民族歌曲"。采用民间曲调素材而创作的、具有民族风格的歌曲属于民族歌曲。第一，这种民族歌曲的创作者是有名有姓的。第二，以这种方法创作的民族歌曲是独一无二的，找不出第二首。如词曲都是周大风先生创作的《采茶舞曲》就十分著名，是浙江民歌的代表作，你能发现有一首与它差不多的歌曲吗？如有，那就是有人抄袭了。我们浙江在上世纪 50 年代涌现出来的一些民歌，如现在合唱团经常唱的合唱作品浙江民歌《李有松》，是民间歌曲吗？当然也不是，因为它也是独一无二的，是文艺工作者创作的，你把浙江翻个底朝天，也找不出相像的第二首来。第三，这样的民族歌曲，基本上是现当代新创作、新改编的。

而民间歌曲正好相反。第一，它的曲调是谁创作的？不知道，创作者是谁已经无从查起了，谁都可以无偿使用。第二，它是独一无二的吗？不是，它不是"独生子女"，它有一群长得相像的"兄弟姐妹"甚至"表、堂兄弟姐妹"，它有许多变体，可组成一个家族曲调群。因此，若是一首真正的民间歌曲，你一般都能在民间找到与它差不多，但不是一模一样的变体。比如著名的乐清山歌《对鸟》，在浙江南部、西部丘陵山区，与它接近的四句体山歌很多。第三，它是现当代创作的吗？不是，它不是现当代人创作或改编出的新作品，而是去世者留下来的遗产，是历史的遗存，是传统。其中，有没有近似的、相像的变体歌曲存在，是我们辨别它是民间歌曲还是民族歌曲的关键，也是甄别真民间歌曲还是假民间歌曲的试金石。我今天与大家谈论的浙江民歌，指的就是浙江的民间歌曲。

民歌在我国有着悠久的历史。从浙江出土的器物中，发现了不少击鼓、抚琴、吹篪等歌舞伎人物群像，从一个侧面反映了当时的音乐生活状况。民歌的种类繁多，山歌是其中的一个典型代表，它是人们在山野、村落抒发情感时演唱的，旋律舒展。

凡提起浙江山歌的历史，都会说到一首著名的弹歌："断竹续竹，飞土逐肉。"《吴越春秋》记载越王勾践问善于射箭的楚国人陈音关于弓的原理，于是陈音唱起了这首歌。勾践是春秋战国人，当时越国和楚国是两个并列的地方政权，陈音是楚国人，不是来自浙江这块土地的，所以他唱的这首歌曲，实际上不是浙江山歌。

那么古代文献有记载的浙江山歌吗？有。北宋文莹《湘山野录》记载了一个唐末五代十国时期，吴越王唱山歌的故事。说的是钱镠被封为吴越王后，衣锦还乡，宴请临安的家乡父老。酒宴开始时，钱镠亲自执杯，高唱起他特地为还乡而创作的歌曲《还乡歌》，但有浓浓的古风的歌词，乡下的老百姓哪听过，一点反应都没有。他一看糟了，乡亲们听不懂，便马上再斟一杯酒，用临安的土语，即兴编词，唱起了当地的山歌："你辈见侬底欢喜？别是一般滋味子。永在我侬心子里！"熟悉的曲调和方言土语引起了大家的强烈共鸣，他刚一落音，满堂欢呼大笑。文献上说，在北宋和南宋时期，还有人在唱这首歌。这是一首一千多年前的浙江山歌。

山歌，是民歌的典型代表，是人们在山野、村落抒发情感时演唱的民歌。浙江汉族山歌分为两大类：一种是徵调式类的丘陵山歌，如温州、台州一带的《对鸟》；另一种是羽调式类的平原山歌，如杭嘉湖一带的田歌。有趣的是，通过研究我发现，这两大类山歌是由同一颗种子发展起来的，这同一颗种子就是具有四度音程关系的两个音。我们知道，在东南丘陵的福建、浙江交界处的深山老林里，流传着一种只有 re, la 两个音的山歌，如福建《新打梭镖》；浙南、浙西山区也有以这两个音为主，偶尔在中间加上一个音的山歌，另外更多的是固定地加上一个音的三音山歌。其中，中间那个音加在靠近低音的地方，就成了 sol, la, do 的三音山歌曲调，这是徵类丘陵山歌的核心音调；如中间那个音加在靠近高音的地方，就成了 la, do, re 或 mi, sol, la 的三音山歌曲调，这是羽调式平原山歌的核心音调。然后从浙南、浙西，向北到了浙江东部和中部，三音曲调又加上了一个音成为 sol, la, do, re 或 la, do, re, mi 四音山歌，随后又加一个音成了 sol, la, do, re, mi 或 la, do, re, mi, sol 的五声山歌，一直到浙北平原的田歌，如《滴落生》，音列中的音有 8 个之多。这些山歌是顺着钱塘江流域从南到北，逐个把音增添进去的，而且这些两个音、三个音、四个音、五个音一直到八个音的山歌曲调，既各自独立，又同时并存在浙江民间。这是一个很值得研究的音乐现象。

"百里郊原似掌平，竹枝唱出尽吴声。"嘉善地处太湖流域的杭嘉湖平原，是著名的鱼米之乡，在这片具有几千年农耕文化的土地上，诞生了浙江著名的山歌——嘉善田歌。它是农民在田间劳动时口口相传的一种民歌，具有浓郁的乡土气息。田歌音音成乐，流传已久，在明清时期就非常盛行，是一种典型的浙江平原水乡山歌。2008 年，嘉善田歌被列为国家级非物质文化遗产。

能够代表浙江平原水乡山歌的，应该就是嘉善田歌了。在杭嘉湖平原的产稻区所传唱的山歌中，以嘉善田歌最为出名，它在明清时就已盛行，与明代冯梦龙编的吴地《山歌》有直接传承关系，现被列入国家级非遗名录。为什么这里的山歌叫作田歌呢？在过去，当地人一般都把这些民歌称作山歌。一直到上世纪 50 年代初，文化部门组织山歌歌手参加演出时，因考虑到嘉善处于平原，没有山，而这些山歌又是在稻田劳动时所唱，所以，就把这些山歌改称田歌，以突出这些山歌的地域特色。我在 2017 年与田歌的国家级传承人 80 岁的顾友珍老人进行访谈时，她也明确地告诉我，在她小时候，大家都是把田歌称作山歌的。我手头上有一份 1954 年浙江民间歌舞巡回演出团的节目单，上面有嘉善的民歌节目，印的名称就已经是田歌了。

田歌为什么属于山歌类别呢？虽然是在集体的田野劳动过程中演唱，但插秧、耘田等一系列田间劳动都是个人完成的，不需要用唱歌来统一动作，因此田歌与劳动是分离的，不属于音乐与劳动不可分割的号子类。但也正因为在插秧、耘田等集体劳动时，都是大家在一起干活，所以这时候，田歌的演唱形式往往是由几个人先后连接演唱，一般常见是三至四人来进行接腔联唱。

嘉善田歌的音乐由"滴落声""落秧歌""埭头歌""嗨啰调""羊早头""急急歌""平调"七种曲调组成，它们基本上都是节奏自由、气息悠长的旋律，充满着江南风韵。即使是在高音区的放长音，也因是由平滑的级进上升到达高点，通过真假声的运用，使得高亢之中仍显柔美，这与以跳进到达高音的西北信天游这种豪放风格完全不同。但田歌中有一个曲调叫作"急急歌"的，它有些与众不同。这种歌是在先唱两句抒情乐句之后，加入半说半唱的快唱句子，而且越唱越快，如疾风暴雨一般，把情感推到高潮，非常有特色。从它的曲调连缀而成的较大篇幅、音域的宽广等因素综合起来看，可以这么说，嘉善田歌既是浙江北部平原山歌的典型代表，也是整个浙江山歌的最高艺术体现。

田歌《五姑娘》以嘉善西塘农村富家女五姑娘与长工徐阿天之间的爱情故事为主线。这是在嘉善西塘流传的一个真实的爱情故事，后来，她的爱情故事被编成田歌，在这里传唱了 100 多年。舞台剧的创作者，也特意将这首田歌有机地融入全剧当中，使嘉善田歌焕发了新的生命活力。

传统的嘉善田歌演唱的内容，都是平原水乡的劳动生活与爱情的主题。其中，最著名的田歌，就是叙事田歌《五姑娘》，这是嘉善田歌的代表作。它唱的是发生在清朝咸丰年间嘉善本地的一个真实的爱情悲剧——18 岁的小伙子徐阿天到富裕人家杨金元家里做长工，与杨的妹妹五姑娘相爱，然而他们的爱情却被杨金元所不容，两人想一起逃走，但最后杨逼着自己的亲妹妹五姑娘悬梁自尽，徐阿天悲痛欲绝，抑郁而终。这两个年轻人的凄惨爱情遭遇，感动了无数人，很快，当地田歌歌手就把这故事编成了有 12 段歌词的田歌《五姑娘》，每段分别以正月梅花、二月杏花、三月桃花等十二月花名作为段落起头。100 多年来，这首田歌一直在浙北、苏南吴江和上海青浦一带的太湖流域域传唱，家喻户晓，后来还被改编成越剧、音乐剧上演，这个故事也由此得到了发展。

畲族是中国的一个古老民族，畲族先民以山为家，以林为业。1984 年，国务院在浙江设立了景宁畲族自治县，这是中国唯一的畲族自治县。畲族民歌是畲族文化中的一朵奇葩，他们通过唱山歌的方式来表达感情。充满山林风味的畲歌，是畲族独特的娱乐方式，穿过历史的尘烟，畲歌仍然久久回荡在郁郁葱葱、层峦叠嶂的山间。

畲族被称为"生长于山歌中的民族",这是一点都不夸张的。在过去的传统社会里,他们人人擅长唱山歌,但他们也只是有歌,年轻人不跳舞,只有在一些由被称作师公的中老年男性主持的祭祀和做功德等仪式中,有少量的肢体动作。我在上世纪 80 年代初的时候,看到过这些仪式的举行。现在我们所看到的畲族舞蹈,都是中华人民共和国成立后,尤其是改革开放后,由专业舞蹈工作者和群文舞蹈干部,根据那些肢体动作素材,加入了西南少数民族舞蹈动作的素材,而创编出来的新畲族风格的舞蹈,不是畲族自身的传统遗存。传统畲族山歌,不论男女都是用假声演唱的。我们知道,56 个民族中,55 个是用真声或真假声结合演唱民歌,只有畲族全是用假声演唱的。这是畲族山歌在演唱上的一大特征。我们一定要注意对这种唱法的保护传承。因为一旦用真声唱了,那唱法上就跟其他 55 个民族没有区别了。

《诗经》是"四书五经"之首,也是我国第一部诗歌总集,此后的楚辞、汉赋、唐诗、宋词,无不滥觞于此。这部成书于两千多年前的文学经典,其中的文字对于今天的人来说,已经显得深奥难懂。然而,音乐工作者通过对比发现,这些诗歌与存世的汉族民歌、畲族民歌在结构上竟然出奇一致。那么,《诗经》上的诗歌,会像畲族山歌一样,是当时华夏先民们口口相传的民歌吗?

畲族山歌的歌词与汉族山歌一样,以七言四句为主,四句为一段,只是畲族人称一段为一条。但畲族山歌歌词,我这里要说的是,有一个独特的词格现象,就是把四句一条的词,在句尾换两次词,使它由一段变成三段,也就是变成三条。这就叫作"三条变"。从词义上看,各段之间没有太大的变化,基本上是同义反复。比如衢州的畲族山歌《大路平平》,第一条(段),它是这么唱的:"大路平平好赶马,江水悠悠好烧茶;去时睇人在种李,回转又睇李开花。"第二条(段)就在每段的段尾换词:"大路平平赶马过,江水悠悠好煎醋;去时睇人在种李,回转又睇花连坡。"第三条(段):"大路平平赶马上,江水悠悠好煎糖;去时睇人在种李,回转又睇李花香。"令人吃惊的是,在 2600 多年前的《诗经》中,我们竟然可以看到与它十分接近的结构。

比如在《诗经·国风》里面，有一首叫作《桃夭》："桃之夭夭，灼灼其华。之子于归，宜其室家。桃之夭夭，有蕡其实。之子于归，宜其家室。桃之夭夭，其叶蓁蓁。之子于归，宜其家人。"两者的相似关系显而易见。《诗经·国风》共160篇，像《桃夭》这样三段复沓体结构的例子多达84篇，占52％。畲族山歌还有一种比"三条变"少一段词的形式，即大致相同的两段词，第二段每句句尾换词。这种两段复沓体结构在《诗经·国风》中也有45篇，占28％。

《诗经·国风》与畲族山歌的歌词复沓结构之间的相同关系告诉我们什么？第一，畲族山歌保留了两三千年前中国古老的民歌歌词结构样式，也就是说，畲族山歌具有悠久历史传统积淀。第二，我们可以从一个侧面，反过去佐证《诗经·国风》的民歌属性，即说明《国风》的确是当时的民歌。为什么这么说呢？首先，畲族山歌的对唱是应景而唱，即兴编词，与汉族山歌的对唱一样，你问我答，考验智慧。当一个人唱了四句以后，由于供思考的时间很短，接歌的这一方最方便最快的回应方式，就是把唱过来的那个人的歌词，稍稍改动几个词再唱回去。然后发歌方听到以后，他的思考时间也很短，怎么办呢？他再稍稍改几个词，再唱回来。这种即兴编词的方式，是中国民歌歌词大量存在复沓现象的原因之一。其次，在传统社会中，唱山歌经常通宵达旦举行，仅畲族婚礼前的迎亲活动，从娶方还未进村就被嫁方拦住进行盘歌开始，一直到第二天早上送新娘出村，24小时以上的迎亲全过程都需要唱山歌、对山歌。这种复沓也是唱歌人在山歌歌词数量不够时采用的一种解决方法。所以，《诗经·国风》的这种复沓现象，源出于民歌即兴编词的演唱方式。我们从畲族山歌保留下来的演唱方式和歌词形式上，可以得出这么一个结论。

变与不变：浙江民间音乐的乡愁与远方

导读：实用与情感结合的劳动号子，委婉与故事性兼具的江浙小调，这两种民间音乐，有着怎样的特点？中国最著名的小提琴协奏曲《梁祝》，和民间音乐之间，又有怎样的关联？楼塔细十番，又是一种怎样的非物质文化遗产？

劳动号子是指配合生产劳动的民歌，其音乐与劳动不可分离，是实用功能和情感表现功能的结合物。浙江著名的号子有舟山渔船号子、海盐海塘号子、海宁车水号子和钱塘江鱼鹰号子等。这些都是集体劳动时用的号子，主要作用是统一动作，以减轻疲劳。它们旋律简单，节奏紧凑有力，演唱时采用一人领唱，众人呼应的形式。其唱词一般由领唱者即兴编写。

海宁的车水号子，因劳动强度相对小，所以它吸收了当地的山歌曲调，委婉动听。这种车水号子在当地叫作"哈头"。"哈头"的称呼，产生于水车车链转动圈数的计算。过去没有钟表，在村外车水难以掌握时间，大家就把水车车链每 12 转定为一哈，每 17 哈就是 204 转，正好相当于 2 个小时左右。踏水车一般是两个人一班一起踏，踏的持续时间又较长，如果一个人连唱 2 小时会唱不动，所以哈头的演唱，采用的是两个人一前一后、一个人唱一句的接唱形式，其中穿插着一问一答。

鱼鹰捕鱼至今还是广西桂林漓江上的一道独特风景。鱼鹰学名鸬鹚，鸬鹚捕鱼在我国有着悠久的历史。在距今一千多年前的南北朝，乐府诗中就记载有"张罾不得鱼，鱼不罶罾归。君非鸬鹚鸟，底为守空池"。这是我国关于鸬鹚捕鱼的最早文字记载。这种古老的捕鱼方式，也曾经出现在浙江的钱塘江上，甚至还伴随着一种独特的号子。

浙江过去还有一种独特的号子叫鱼鹰号子，又叫鸬鹚调，是钱塘江上的渔民指挥鸬鹚捕鱼时所唱，根据春秋季、夏季、冬季的季节不同，鱼鹰号子曲调有所不同。演唱时真假声结合。其歌词内容是告诉鸬鹚去干什么，如向前游、向下潜等。若遇到大鱼时，渔民就呼唤两三只鸬鹚齐力游过去把大鱼连推带衔拖到船边，以便渔民用网捕捉。因长期训练，鸬鹚大致能够听懂渔民表达了什么意思。鱼鹰号子是伴随着捕鱼劳动，唱的内容也是叫鸬鹚去捕鱼，因此还是属于劳动号子类。鸬鹚捕鱼在中国的许多地方都可以看到，洞庭湖有，桂林漓江上也有，我在日本岐阜市的一条江上也看到过，但是那些地方鱼鹰捕鱼时渔民都是不唱的，而浙江是开口唱的，而且是真假音结合的特色唱法，非常珍贵。

图 5-2　鱼鹰捕鱼

这种鱼鹰号子的演唱者是世代在水上生活的"九姓渔民"，他们分布在钱塘江各段的新安江、富春江等江上。"九"是一个泛称，实际上渔民不止九个姓，是一个相对独立的族群，过去不准他们上岸居住，不准与岸上人通婚，不准读书应试，属于"贱民"。虽然在清末朝廷已批准他们改贱为良，但一直到中华人民共和国成立后，九姓渔民才上岸定居，并组织起渔业社，饲养鸬鹚捕鱼就是他们的捕鱼方式之一。由于鸬鹚捕食的时候，大鱼是给渔民的，小鱼它就吞到肚子里了，对鱼类繁殖不利，所以对整条钱塘江都实施了禁止鱼鹰捕鱼的禁令，鱼鹰号子就此消失在江上，一直到上世纪 80 年代初，才由音乐工作者把它们录音记谱,保存了下来。

除了山歌和号子,还有一种主要传唱于城镇的民歌小调。小调在流传的过程中,曲调会发生不同程度的变异,因而形成不同的变体,它们既保持着派生关系,又自成一曲。一般情况下,一首小调流传的地区越广、时间越长,产生的变体也就越多。

如果说,山歌主要传唱于农村的话,小调,就是主要传唱于城镇的民歌。因为小调的歌词,主要反映城镇市民的社会生活和劳作。由此可证,小调的流传是以城镇为中心的,乡村是小调传播的扩散地、辐射区。

那么,什么叫小调呢?用一句直白的话来说,它指的是传承到今天的、明清时期传唱的流行歌曲。它又有"俗曲""时调"之称。为什么叫俗曲、时调?就是通俗的歌曲、时尚的小调呗。这些明清时期的流行歌曲、通俗歌曲,有的是唐朝、宋朝时传下来的,有的是明清时创作的。但是由于在历史传承中,以及在各地方言的影响下,它们不断地被人加工,不断地产生变体,加上几百年、千余年过去了,作曲者是谁,现在也无法考证了,并且到了现代,它们也已不流行、不时尚了,已经符合民间歌曲的条件了。

浙江音乐素以小调著名,所谓的江南小调、江浙小调,指的就是在苏南到杭州之间,以大运河沿线码头为中心而扩散流传的一些明清流行歌曲。从明清到民国,这些小调是最时尚的歌曲,从城镇到农村,从码头到田野,人人会唱会哼,风靡全国。就如今天的流行歌曲具有大众商品的属性一样,正因为它们是时尚的、流行的,是大众喜欢的,所以也是那个时候的商品,这也是小调与号子、山歌的重要区别之一。

在20世纪70年代末80年代初开始的全国范围的民歌收集工作中,我们收集到的浙江小调,归纳起来有二十多种基本曲调。如在江苏、浙江以及全国其他地方广泛流传的一个小调《孟姜女》,它与同为小调的《梳妆台》《手扶栏杆》《哭七七》等,属于同一个曲调家族,这首歌甚至在东北变为了东北的《摇篮曲》。在浙江，还有一类民间舞蹈歌曲，专用于节庆时载歌载舞的表演。这类舞歌属于小调体裁，它们与其他小调不同的是三点：其一，只在节庆的舞蹈表演时演唱；其二，演唱的节拍速度与舞蹈同步；其三，情感特征都是热情明快，如宁波的《马灯调》，建德的《顺采茶》《倒采茶》，都是能代表浙江的、属于小调类的民间舞蹈歌曲。

无论是 G20 杭州峰会文艺演出上，还是在西湖音乐喷泉边，一曲《梁祝》总能把人带入一场跨越时光和生死的凄美爱情故事中。这首中国有史以来最著名的小提琴协奏曲，创作于半个多世纪前，它大量地以越剧的元素为创作素材，而这些越剧大师，从小就唱着山歌、小调，受到中国传统音乐的熏陶。

小提琴协奏曲《梁祝》，是我们浙江籍的何占豪老师在上海音乐学院学习小提琴演奏时，和当时的作曲系学生陈钢老师，两个人合作创作的。何占豪老师过去在浙江越剧团拉小提琴，他拉过 100 多场的越剧《梁山伯与祝英台》，对越剧音乐非常熟悉。因此，当上海音乐学院定下来要创作民族风格的小提琴协奏曲后，他在寻找素材时就想到了越剧。他跟我说过，当时他首先听了大量的越剧音乐，其中有一部戏，叫《山河恋》，是著名的尹派小生尹桂芳主演的，里面的一段唱腔开唱前，有一个半说半唱的叫头"啊，妹妹呀"，非常受观众欢迎，她一唱，观众就响起雷鸣般的掌声。何老师觉得这个旋律一定是有独到的东西，他就把这叫头曲调拿来，把尾巴删掉，把头保留，这个头就是现在《梁祝》主题第一句的前半部分旋律，然后他就在这个旋律片段上发展出整个主题。大家可能没有发现《梁祝》主题还与小调有关。《梁祝》小提琴协奏曲的主题是四句，re,sol,la,sol 的四句落音是这个四句曲调的框架，而这正是《孟姜女》的曲调框架。这是什么道理呢？因为《孟姜女》曲调早已被越剧吸收，转化为越剧的著名唱腔之一，而何占豪老师，就很自然地把这个化为越剧唱腔的《孟姜女》旋律框架运用进去了，所以《梁祝》小提琴协奏曲的主题素材，其实来自于两个方面，一个是旋律的动机素材，就是《山河恋》唱段开唱之前的一句叫头，还有一个是它的乐段旋律框架素材来自《孟姜女》。

民间音乐和传统乐器之间，也有着千丝万缕的关系。楼塔位于浙江杭州萧山区，《楼塔细十番》在 2008 年被评为国家级非物质文化遗产。演奏《楼塔细十番》的乐器由吹奏乐器、拉弦乐器、弹拨乐器和打击乐器组成，少的 10 多种，多的有 20 多种。细十番，在昆曲里也叫细吹，通常用于文戏中的居家场景中，乐曲大都速度徐缓，曲调古朴典雅，具有明显的昆曲风格。

民间小调很多都作为曲牌，用在吹打音乐上面。吹打音乐，顾名思义，就是吹吹打打的意思，也就是说，它是以吹管乐器和打击乐器为主来演奏的一种音乐。它包括两大类，一个叫粗吹锣鼓，又叫粗十番，另外一个叫细吹锣鼓，又叫细十番。所谓粗吹锣鼓，就是大锣大鼓，表现粗犷豪迈风格的音乐；细吹锣鼓，是用音量比较小的、柔和一点的，竹制的笛、笙、箫，加上小锣和小鼓等小型打击乐器演奏的音乐。吹打乐跟十番，是同一类的东西。在我们中国的有些地方，吹打乐就叫十番乐。十番音乐的"十"呢，就是十全十美的意思，它是指乐队中乐器的编配齐全；十番音乐的"番"呢，就是指一遍又一遍地重复，一遍又一遍地反复变化。为什么要以这种形式呢？因为十番音乐，往往是在民间节日的时候演奏的，如果要走街演奏的话，乐队走的路一定很长，要花很长时间演奏，没有那么多不同的曲子怎么办，那就要不断地反复变化。像《楼塔细十番》演奏的，首先是一个套曲，这个套曲是由三个曲牌组成的，一个是《望妆台》，一个是《一条枪》，还有一个是《八板》，这三个曲牌其实是不同来源的，并且是分开来演奏的。《望妆台》是从宋元时期一直传到明代的曲牌，用在请客吃饭的宴乐场合，江西龙虎山的道教音乐也在使用它，包括萧山的道士班也把它用在丧葬仪式上。《一条枪》目前只找到一个同名但旋律不同的曲牌。只要是民间音乐，我们就一定能找到它的兄弟姐妹。《八板》是在全中国流传的民间乐曲，它不是来自于文人阶层或者宫廷，它是一个纯粹的民间乐曲。全中国的民歌和民族器乐里面，大量地存在《八板》的旋律，中国著名的作曲家聂耳先生创作的一首《金蛇狂舞》，原型也就是这个《八板》。

　　激昂的劳动号子、舒展优美的山歌、委婉动听的小调，以及历史悠久的民间器乐，时至今日，这些民间音乐，有的逐渐消失在人们的视野里，几近绝响；有的作为非物质文化遗产，继续在传承中发展。有的以素材的身份，通过音乐家的妙笔生花，转化为脍炙人口、耳熟能详的经典音乐作品。故乡的音乐，是每一个人不可忘却的乡愁。历史不会忘记，在上世纪七八十年代，一大批音乐工作者跋山涉水，将浙江民间音乐收集整理保存了下来，让人们在日新月异的当下，回望原点，留住乡愁，并在传承与创新中，走向远方。

　　在传承与创新中产生的很多问题在于，我们既没有原封不动地传承非遗，又没有很大幅度地创新传统，正好处在不上不下的这个局面上。因此大家都在探索，传统音乐到底该怎么发展。我给的方案就是，要两手抓。作为一种传统，民间音乐，包括《楼塔细十番》，它其实是有两个身份的。第一个身份是非物质文化遗产，所谓非物质文化遗产，是指你的上一辈，就是去世的人传给你的东西。你作为传承人，首先要原汁原味地，把你的上一辈传给你的非物质文化遗产，完整地呈现出来，即先原样继承下来，然后再传承发展。什么叫传承发展呢？就是进行以传统为基础的发展，千万不要把它做成以传统为元素的创新发展、以传统为元素的发展，那是质的不同。同时，民间音乐的第二个身份是群众文化，而群众文化要符合当下人民群众的求新要求，要不断拿出新东西、不断创新发展。你创新发展得越多、越好，让我们的年轻人也喜欢，那就更好了。因此，同一个民间音乐，你要做两个版本，一个是在非遗的场合里，做原样继承或传承发展的版本；另外一个是在群众文化的场合里，另做一个创新的版本，创新的步子尽管迈得大一点。就像同一个人既是父母，又是子女一样，角色不同，说的话、做的事就必须有所区别。对非遗传承工作中的民间音乐，需要严格传承；而对群文工作中的民间音乐，不妨放手创新。现在的非遗与群众文化，不论是从项目还是从工作部门来说，都急需厘清自己的社会定位，确定各自的社会分工。

《采茶舞曲》:浙江民族金曲

导读:旋律柔美流畅,歌声盛唱不衰,《采茶舞曲》是一首怎样脍炙人口的歌曲? 著名音乐家周大风,如何一气呵成创作出《采茶舞曲》? 周恩来总理改歌词的背后,又有着怎样令人津津乐道的故事?

如果要让大家来投票,推选一首最能代表浙江的、体现浙江特色的现当代歌曲,我们会选哪一首呢? 对了,那一定是我们浙江著名音乐家周大风创作的《采茶舞曲》。这首歌曲从 1958 年问世后,很快就风靡浙江,传遍全国。它一直是著名歌唱家的独唱歌曲、合唱团的演唱作品、各种民乐器的演奏曲目,如今它还成为全国各地大妈们的广场舞音乐,在 2016 年 20 国集团首脑杭州峰会的大型水面文艺晚会上,随着 300 名舞蹈演员的翩翩起舞,它的音乐又响彻西湖的夜空。毫不夸张地说,虽然 60 年过去了,但今天的它,仍然是一首雅俗共赏的当红歌曲,仍具有强大的生命力和影响力。

苍山翠崖,蜿蜒绵延。采茶是中国农耕社会最重要的农事之一。"银钗女儿相应歌,筐中摘得谁最多?"劳作中总是伴随着欢声笑语,采茶女边唱歌边采茶,是浙江农事的一道亮丽风景线,西湖边的采茶女就经常与人对山歌。1958年春,36 岁的周大风赴泰顺东溪乡巡演,迸发出创作《采茶舞曲》的灵感。

根据周小风提供的他父亲的回忆录内容,以及查阅档案资料和多方采访老同志后得知,那是 1958 年的春天,浙江越剧二团奔赴泰顺巡演。当时剧团业务负责人周大风没有随团演出,为了静心创作,他一个人到了泰顺东溪乡,每天一边与妇女们采茶，一边在构思一个叫《凤凰山积肥》的剧本。那时候正是谷雨前的插秧和采茶双高峰的生产季节，因人手不够，只能挑灯夜战，还因为来不及炒茶，炒茶人拒收摘来的青叶而闹起了纠纷。这个水稻生产和茶叶生产的矛盾现象，一下子触发了周大风先生写山区采茶题材曲目的灵感。于是在 1958 年 5 月 11 日的夜晚，他灵感突发、思如泉涌，一口气写出了《采茶舞曲》全部的词、曲与乐队的伴奏谱。

周大风写完《采茶舞曲》的第二天，把歌曲交给了当地的小学生们试唱，当地的孩子们非常喜欢，不仅一学就会，还手舞足蹈地模拟起了采茶动作。

于是周先生大受鼓舞，从 5 月 14 日起，他闭门三天，一口气写出了一部共有九场的越剧现代戏剧本，定名为《雨前曲》。"雨前"指的是谷雨前，同时又把先期完成的《采茶舞曲》作为这个剧本的开场演唱曲。后来在回到杭州排练时，主创人员在这首乐曲的基础上，设计了载歌载舞的舞蹈动作与队形。这样《采茶舞曲》就从单纯的演唱曲，变成了《雨前曲》的开场歌舞形式。

著名越剧导演杨小青说："大风老师的剧本、音乐设计跟唱腔设计，再加上这个曲子，这肯定是个大场面的东西。我记忆中是王媛老师编的舞，但还轮不到我去跳，我们当时有一批像张蓉华老师这样的舞蹈演员。现在的浙江歌舞团演的采茶舞里面，基本动作、队列，草帽遮住脸，走几步，露一露，这都是王媛老师的原创。"

周大风先生原先在泰顺创作时，这首歌最后一句歌词是"保证多采一倍茶"，而《雨前曲》上京演出前的正式排练中，这句歌词已经改成了"年年丰收龙井茶"，而且从此就一直唱这一句词了。由于《采茶舞曲》的演出效果非常好，这个载歌载舞形式的开场，也从此成了浙江越剧二团演出的招牌节目。在去北京演出的一路上，除了大戏，该团还上演了好多场越剧音乐会，比如在上海与在去青岛的船上，以及在天津，凡是在由小节目组成的越剧音乐会上，《采茶舞曲》都是打头阵的节目。

《采茶舞曲》轻松、愉快、热烈的节奏，受到人们的普遍喜爱。它将浙江地方文化有机地融为一体，每一句歌词，每一段旋律，都字斟句酌，韵味十足。

凡唱这首歌的人，都必定用越剧语言，即嵊州官话来演唱。那么问题就来了，一是这首歌曲为什么要用方言唱而不用普通话呢？二是浙江的方言有许多种，如杭州话、宁波话、温州话，为什么它单单要用越剧语言来演唱而不用其他地方话呢？其实这是因为，这首歌一开始并不是一首独立的艺术歌曲，而是周大风先生为越剧《雨前曲》这部戏而创作的，它是这部戏的开场曲，属于越剧音乐。所以周先生既用越剧曲调来谱曲，又按浙东的方言来依字行腔。比方说它的唱词"妹妹呀采茶好比鱼跃网"的"妹"，普通话是去声，但嵊州话是上声，因此在"妹妹呀"的"妹"字，旋律就由低向上走，完全与字调吻合，曲调的依字行腔特征很明显。这就是它需要用唱越剧的嵊州官话来演唱的原因。

这首歌的歌词共分三大段：第一段是十句，第二段是四句，第三段是六句。它们的旋律是以第二段曲调为核心的，这段是越剧的基本曲调——尺调的旋律框架，而它的第一段和第三段，都是第二段旋律的扩充变化。也正因为"采茶舞曲"的旋律是越剧尺调的发展产物，所以，在1963年唱片封面和1964年出版的五线谱乐谱的封面上，《采茶舞曲》印的都是周大风编曲。今天也有许多人把它当作民歌——民间歌曲的民歌。当然，以今天的创作观念来看，应该是音乐家作曲而不是编曲，因为作者没有搬用越剧的曲调。全曲是以越剧尺调为基础的谱曲，特别是它的第一段十句词的旋律，融入了当地的滩簧"多上一下"的乐段结构，形成了一种既与越剧唱腔有血缘关系，又与众不同的个性化曲调。由于那个时节是男插秧、女采茶同时进行，常常是通宵达旦地干活，所以歌词有"哥哥呀上畈下畈勤插秧，妹妹呀东山西山采茶忙"，以及"插秧插到大天光，采茶采到月儿上"的句子；又由于那儿采茶是单手采，不是双手采，而你要多采茶，要茶的产量增加，就要改用双手来采，因此歌词有"两个茶篓两边挂"这一个采茶女身上挂两个茶篓的理想化描述，以及形容双手采茶的"好比那两只公鸡争米，上又下"那一句神来之笔。实际上，后来演员唱的虽然一直是"两个茶篓两边挂"，但真实的身上挂的茶篓道具还是一只，没有两只。

最为人津津乐道的，是周总理亲自为《采茶舞曲》改词的故事。1958 年 9 月 11 日，北京长安剧场公演《雨前曲》，周总理也前来观看。根据当时的记录，周恩来端坐在二排中央，一身白衬衫的周大风就坐在总理右手边，仅仅十几岁的杨小青坐在第一排，青春洋溢。总理的风采，她至今历历在目。

杨小青说："台上演会计的董荣富老师突然眼睛一亮，台下稍微有些骚动，但是一下就安静下来，然后我们团长就跑过来说，总理到了。但这一点都没有影响演出，就正常地把演出演完，演完以后，包括我们的炊事员，全部都集中到舞台上等待总理来接见，总理穿了灰色的中山装和圆口黑布鞋，他先是跟所有人握手，握完以后，大家围成一团听总理指示。我当时是一个小学员，个子也矮，挤不到前排，但是有一些是听明白了，特别是总理对越剧男女合演和演现代戏的肯定。北京当时那么多戏在演，他专门来看我们一个从地方上来的新编原创现代戏，肯定是对现代戏、对《雨前曲》的一个支持。"

由于全剧的唱词是有幻灯字幕的，加上《采茶舞曲》是开场，因此周总理对它的唱词印象较深。当讲话结束拍完合影以后，在送总理到公共汽车站坐车的路上，周总理对周大风说："《采茶舞曲》的两句歌词要改，一是插秧不能插到大天光，这违反了劳逸结合的政策；二是采茶也不能采到月儿上，因为露水茶是不香的，这是作者缺少生活经验的反映。"他建议作者到杭州梅家坞再去体验生活，把这两句词改好。

根据周大风的回忆，几年后的一天，他正在杭州梅家坞茶区体验生活，这时突然一辆小轿车停在他身旁，车上走下来的是周总理和他的秘书。总理一眼就认出了周大风，说："你果然来了，词改好没有啊？"总理的记忆力真是惊人啊，几年过去了，日理万机的他，竟然没有忘记他只看过一遍的《采茶舞曲》的歌词，竟然还认得出他只见过一面的音乐家。周大风又激动又惭愧，说："我没有改出来啊。"总理就说："你不要写现象，要写心情嘛。这两句词改成'插秧插得喜洋洋,采茶采得心花放'如何?"就这样,由周恩来总理亲自改词,原先"插秧插到大天光,采茶采到月儿上"的"大天光"和"月儿上"这写实的六个字,从此就换成了"喜洋洋"和"心花放"这写情的六个字。

从 1958 年《采茶舞曲》诞生到现在,已经过了 60 多年。它是人们茶余饭后吟唱的歌曲,也是绚丽舞台上的优美伴曲。它版本多样,汇集了创作者与改编者横溢的才华,映射了山明水秀的江南风光。1987 年,《采茶舞曲》被联合国教科文组织收录于教材之中,使全世界人民都能了解到中国风味的舞曲。《采茶舞曲》虽产于中国,但是它已经属于全世界。

《采茶舞曲》的歌词在历史上经历了一些变化。但是到了今天,《采茶舞曲》的歌词已经基本上固定了,那就是在有"年年丰收龙井茶"之句的、1958 年赴京演出版的基础上,经周恩来总理改过词的版本。然而,今天演唱的《采茶舞曲》的曲调,却同时保持着两个不同的版本。在 1958 年年底至 1959 年之间,根据著名舞蹈家戴爱莲到杭州观看了浙江越剧二团《采茶舞曲》后的建议,浙江民间歌舞团把这个越剧歌舞,改成了群舞作品。20 世纪 70 年代时,因情感表达和舞蹈结构扩充,沈铁侯先生把《采茶舞曲》的音乐做出了两个改动:一处是在乐曲的中部,为加强对比,他增加了一段由散板引出的舒展性独唱乐段;另外一处是把"你追我赶不怕累"这一句的原有旋律曲调,提高了五度,使舞蹈情绪到达高点。前者的增加,是为舞蹈音乐所独有,歌曲则不增加这一段落,所以这个版本属于舞蹈音乐版;而后者对周大风先生的一个乐句旋律做出提高五度的改动,则被歌唱者广泛采用,到今天还是演唱版本里面采用最多的。因此,除了舞蹈音乐的版本以外,《采茶舞曲》的音乐版本,目前有两个:一是周大风先生的原版音乐;另一是由沈铁侯先生略作改动的版本。两个版本的音乐表现各有所长,一个比较平稳,更加朴素,一个表现力更强,舞台感更强,情绪更丰富。像我们浙籍的歌唱家吕薇,她就干脆根据演唱的场合,轮换使用这两个版本。比如她在广西民歌节上,唱的是原版,而在中央电视台的节目中，她就唱改动版。

《采茶舞曲》的旋律虽来自越剧音乐，但是我们绝对不能称它为民间歌曲，因为它是一首由周大风先生作词、作曲的民族歌曲，它具有自己的独特个性，是浙江的音乐名片，也是浙江当代地域文化的代表。

戏
曲
篇

　　蒋中崎，1960 年生于浙江杭州。1981 年毕业于杭州师范学院中文系，1984 年进浙江省艺术研究所从事戏曲史论研究工作，现为浙江省文化艺术研究院副院长、教授、研究员、浙江省文艺评论家协会副主席。主要从事浙江戏曲曲艺史论的研究。

　　曾任国家社科重大项目《中国曲艺志·浙江卷》常务副主编，《中国曲艺音乐集成浙江卷》副主编。先后在国家及省级学术刊物发表戏曲学术论文数十篇。先后出版有《中国戏曲演进与变革史》《甬剧发展史述》《姚剧发展简史》《宁海平调史》《湖剧发展史》《睦剧发展史》《越剧文化史》《越剧文化论》等戏曲类专著。先后参与写作的专著有《浙江文化史》《浙江文化地图》《浙江历史人文读本》等。2004 年获中华人民共和国文化部文艺志书集成编写特殊贡献奖。

一部中国戏曲史　半部在浙江

导读：南戏回响，越地长歌，千百年来，戏曲一直在浙江大地回荡。从最早的南戏，到现代戏曲，浙江戏曲经历了哪些千变万化？悠悠历史长河中，又有哪些戏曲名家熠熠生辉？浙江戏曲，又有着怎样超然的地位？

浙江的戏曲文化和艺术是浙江文化的一个重要部分，也是浙江文化的金名片之一。浙江已故的一位著名戏剧评论家，建德人戴不凡先生，曾经在一篇文章中说，一部清初以前的中国戏剧史，恐怕要说半部是在浙江。这是有道理的。浙江戏曲的全面性、经典性、丰富性以及时代性，构成了他所说的"一部戏剧史，半部在浙江"的标志。

诗词、绘画、音乐，唯独戏曲晚出。北有杂剧，南有戏文。南戏诞生在南宋，因唱南曲而名南曲戏文，简称南戏。南宋戏曲的声腔、剧目等呈现方式，在今天已经无法进行具体的考据。2001 年，温州永嘉昆剧团重排南戏《张协状元》，这部被誉为"戏曲活化石"的作品，框定了后世诸多戏曲的故事类型。

最早的南戏形成在浙江温州，标志是南宋时出现了一个代表性剧目——《张协状元》。《张协状元》是一个民间戏剧，是当时婚变题材的集锦。婚变题材就是丈夫做官、赶考，做了状元以后，撇下了自己的结发夫妻，产生一些矛盾的故事。《张协状元》的价值在于，作为中国完整戏剧形态的最早作品，它的生、旦、净、末、丑，它的唱腔、场上结构、舞台呈现，都已经比较完整。到了元代，是杂剧的天下，浙江也是杂剧繁荣的重要区域，元曲四大家关汉卿、马致远、郑光祖、白朴都到过浙江，他们也创作了很多优秀作品。作为浙江地方戏的南戏,到了元代,出现了四大南戏——《荆钗记》《白兔记》《拜月亭》《杀狗记》。特别是到了明初,还出现了高则诚的《琵琶记》。《琵琶记》应该说是文人介入戏剧创作的首例。它把这种婚恋戏、婚变戏的主题发挥到了极致,形成了中国传统戏剧中的传奇杂剧这一类创作样式的重要主题。这个模式至今仍然是中国戏曲的宏大主题之一。

图 6-1 《张协状元》剧照

宋元两代,几乎所有的戏曲名家,都到过浙江。时间到了明清,浙江戏曲家更是灿若群星。公元 1559 年,绍兴人徐渭撰《南词叙录》,它是一部全面研究南戏的著作,而它的作者徐渭,也是一位戏曲大家。另外,汤显祖、李渔、洪昇等文人,创作出一系列脍炙人口的经典作品,为浙江地方戏曲的繁荣,奠定了基础。

到了明代,浙江戏剧中有汤显祖创作的《牡丹亭》,更诞生了一系列戏曲作品、戏曲理论著作以及剧作家,包括以短剧组成的南杂剧。与短剧相对应的,是明清传奇。明清传奇是一种长篇剧种,一般都是四五十出。浙江到了清初,出现了两位著名剧作家,一位是兰溪李渔,一位是杭州洪昇。李渔的《闲情偶寄》是戏曲理论著作,《笠翁十种曲》是中国戏曲从"案头化"到场上艺术的代表。洪昇的《长生殿》是中国古典戏曲的高峰。明末清初以来,浙江地方戏曲声腔也有了新发展,呈现出了高腔、昆腔、乱弹、滩簧、徽戏、时调等众多声腔争相吐艳的局面。这种局面为浙江地方戏曲的发展打下了很好的基础。

　　南宋亡国 600 余年后，晚清的王国维写下了《宋元戏曲史》，记述了浙江这片土地上曾经拥有的戏文传奇与杂剧。王国维所处的时代，浙江地方小戏大兴，出现了大小戏并重的局面，大戏荡气回肠，小戏缠绵悱恻，大戏与小戏各有千秋、相辅相成，构建了浙江地方戏曲的基本体系。

　　到了近代，浙江出现了海宁人王国维。王国维的出现，使中国的戏曲研究从分散到系统，从个案到全面。他的《宋元戏曲史》成为研究中国戏曲的不朽之作。进入民国以后，浙江的地方戏曲出现了大戏小戏并重的局面。大戏是以婺剧、绍剧、瓯剧、台州乱弹为代表的多声腔剧种，以家国情怀为核心创作题材，舞台呈现丰富，人物众多，题材重大。小戏是滩簧小戏，以小生、小旦、小丑为核心的三小戏、二小戏，像甬剧、姚剧、湖剧等。小戏大多是为适应时代发展，从曲艺形态慢慢地转变成为戏剧形态的，题材本身也从帝王将相转变到以儿女情长、家长里短为核心。小戏中的代表就是越剧。

　　从南宋戏文，到近现代大小戏并重，浙江戏曲走过了千余年的历史。桃花年年鲜红，杨柳岁岁葱绿，千百年的戏曲瑰宝，依然在戏里戏外，有着别样的姹紫嫣红，为观众呈现一幕幕美妙绝伦的艺术盛宴。

　　中华人民共和国成立后，随着"百花齐放、推陈出新"，随着"三并举"即传统戏、新编历史剧、现代戏三者并举，以及各个时期党的文艺方针政策的出台，包括"三改"，即改人、改制、改戏，浙江的戏剧又出现了新的辉煌。改革开放后，浙江戏剧出现几次重要转折或重要现象。其中最具标志的是小百花现象的出现。1982 年，浙江搞了小百花会演，通过会演，艺校搞了小百花集训班，以茅威涛为代表的一批优秀演员，集中训练，目的是到香港参加演出。这个越剧小百花赴港演出的一举成功，带来了浙江戏曲其他剧种小百花的形成，涌现出了绍剧、婺剧、甬剧等一大批戏曲小百花。

从浙南、浙西地区，以注重徽戏、注重乱弹为核心的演出走向，到浙北、浙东地区注重昆曲、注重滩簧戏为核心的年轻剧种的出现，再到浙南、浙中地区的婺剧、绍剧、瓯剧等一些大剧品种的形成，浙江产生了富有地域特色的地方戏曲，形成了浙江戏曲不同声腔类型、不同演出形态的一种格局。

除了一些戏曲剧种的繁荣之外，浙江还在出人出戏方面产生了较大的影响，出现了顾锡东、胡小孩、魏峨、谭伟等一批剧作家，更有像茅威涛、林为林、翁国生、陈美兰等获梅花奖的青年演员，以及昆剧《十五贯》、绍剧《孙悟空三打白骨精》这样的名剧。

总之，浙江戏曲有完整性，即从宋元时期一直发展到今天；丰富性，戏曲有各种声腔流派；地域性，浙江东西南北各个地区，都有丰富的戏曲文化土壤；经典性，从《张协状元》到今天的获奖作品都十分优秀。从优秀剧作家，像古代的洪昇、李渔、徐渭、高则诚，到今天的顾锡东、胡小孩，戴不凡所谓的"一部中国戏剧史，半部在浙江"，有其独到之处和合理性。

美丽如水的传奇越剧

导读：梦里江南越韵清，如水的江南，成就了如水的越剧。回望越剧最初的源头，它是怎样一种艺术形式？"小歌班"六进上海滩，如何打下越剧江山？越剧的青春制造，在香港怎样一鸣惊人，大放异彩？

浙江传统戏剧从宋元到今天，除了一些古老剧种外，到近现代发展最快、影响最大的是一些地方小戏，尤其以越剧的发展最为迅速，以至成为当今中国戏剧舞台上，最具影响力的地方剧种之一。越剧形成于清末民初，流行的主要区域是在浙江的绍兴、嵊州、新昌一带，是由当地的说唱曲艺形式——"落地唱书"发展而成。

嵊州是越剧之乡。1906 年 3 月 27 日，清明时节雨纷纷，村人在嵊州甘霖镇东王村香火堂前，用四只稻桶和两副门板，搭起了一个简易的戏台。中国的第一出越剧表演就是在这样的"草台"上完成的，昭示了越剧的诞生。此后，"落地唱书"艺人们从东王村出发，走进小城镇，走进杭州、上海，走向全国，把越剧带到了人们的面前。

嵊州一带的农民，和其他地方不一样。其他地方农民主要是种田、务工为生，而嵊州一带农民除了干农活，还凭借聪明才智、说唱天赋，以卖唱、卖艺作为谋生的一种手段，于是出现了"落地唱书"。到了民国初年，发生了一些变化。一个是越剧流布的区域，当时不是在嵊州本地，而主要是在杭嘉湖一带，特别是在茶楼书场演出。当时"落地唱书"是在浙北地区演出，浙北地区因为比较富裕，当地人请得起戏班，请得起说唱艺人，给的钱也比较多，所以嵊州一带的说唱艺人都跑到了杭嘉湖地区，最为集中的就是余杭和临安一带。1906年春节前后艺人们开始演出，到了清明节，大家要回嵊州老家务农去了，于是他们的戏班纷纷地回到了本地。1906 年的 3 月 27 日，在嵊州的甘霖镇东王村，比较正式的、像样的戏班开始演出了，成为越剧诞生的节点。嵊州人觉得，光在嵊州这个地方发展还不够，为了扩大影响力，他们要到杭州，要到上海去演出。

小歌班，是越剧从曲艺形态演变成戏曲形态初期的名称。**1917 年 5 月 13 日**，是一个在越剧史上烙下深深印痕的日子。这一天，小歌班首次在上海登台亮相。走出嵊州的小歌班认为，只有在上海这样的大码头，才能打响越剧的旗号。

1917 年 5 月 6 日，小歌班在上海《申报》刊登启事：十六铺新化园开演。这也是中国地方戏比较早的在报刊上登的广告。另外一个现象就是 1917 年到 1921 年期间，越剧前后有六次进上海，但打不进市场。因为上海有昆曲在，有京剧在,所以来回了将近一两年时间,最后到了 1921 年前后,小歌班终于在上海站住脚了。站住脚后,越剧剧目就迅速地形成了自己的演剧风格。但是如何在上海各种地方戏竞争中,保持有自己独特的艺术魅力,聪明的越剧人在思考。1923 年前后,当时在上海做绸缎生意的一个戏老板叫王金水,他看到了当时演京剧"髦儿戏"的十三四岁的小姑娘,他觉得这些女孩子色艺双全,能够挣钱。所以他马上召集了几个人,到嵊州老家施家岙村去招小科班学习。他的优惠条件很好、很多,给你金戒指,给你旗袍,给你高跟皮鞋,还给你种种的优惠,吃饭也不要钱,甚至有的家长不放心,怕小姑娘被骗了去的,孩子的家长还可以去帮工,照顾她的生活。同时他考试也很简单,一个是看形象漂亮不漂亮,一个听你唱几句。于是,有二十多个女孩跟着他到上海学戏去了。

这些来自嵊州农村,不谙世事的小女孩,大字不识一个,从中却出了女子越剧第一批名伶,并在几年之后树起了越剧的大旗,一举改变了越剧低下的地位,使它成为仅次于国剧京剧的地方戏曲。

女班进入上海演出以后,产生了一系列变化。在 20 世纪 30 年代,出现了"三花一娟",即施银花、赵瑞花、屠杏花(后期改名为王杏花),一娟是姚水娟。过去越剧男演员的演出,和京剧、绍剧没什么区别,而女演员被称作色艺双全,特别是所有角色都由女演员来担任。不管是男角还是女角,都形成了和京剧非常鲜明的区别。越剧女演员演出,还带来了越剧的迅速发展,这个标志就是小生的出现。这是越剧从普通演出,到以它独特的艺术魅力呈现的一个重要标志。前面的花旦,主要是"三花一娟",到了后面出现了李艳芳、马樟花,以及范瑞娟、徐玉兰、尹桂芳等一批著名的表演艺术家,都以小生而著称。越剧,之所以被称为"女子越剧",是因为其不是以花旦,而是以女小生为主的。这是越剧的一个标志。

2015 年 5 月 24 日,杭州剧院。原生代《五女拜寿》封箱大典在这里举行,

原生代演员们齐聚一堂，依依不舍地告别这出越剧名剧。这批原生代演员曾赴香港演出，阵容青春，造型时尚，一炮而红。邵逸夫、李翰祥、夏梦等香港名流都为小百花演出团接风，到处推荐她们的演出。浙江，第一次向世人展示了"青春制造"的魅力，也凝聚了一代人的越剧记忆。

越剧到了 20 世纪 80 年代初，随着老艺术家年龄增长，如何使舞台年轻化、保持艺术的青春的问题，摆在了浙江众多的艺术家、文化部门的面前。1980 年，浙江省举办了青年演员会演，1982 年又举办了首届小百花戏剧会演节，出现了 50 位以越剧演员为主的优秀小演员。到了 1983 年，浙江省为了到香港参加浙港的联谊会活动，成立了浙江越剧小百花赴港演出团，又从这些演员中间，选了一些优秀演员，组成了赴港演出团。赴港演出团到了香港，一鸣惊人，演出的是顾锡东的《五女拜寿》《汉宫怨》及一些折子小戏。这些戏后来又到了上海、北京巡回演出，邓颖超还在中南海接见了小百花演出团的主要演员。到了 1984 年，经浙江省人民政府批准，浙江小百花越剧团正式成立。小百花剧团的成立，使浙江越剧的面貌发生了质的变化。从以中老年为主，变成了以年轻靓丽的女孩子来作为演出的主体。演出的都是人们所喜爱的一些优秀作品——传统戏。这样就形成了浙江的越剧小百花现象，这个现象的出现及演出的成功，迅速影响了浙江其他剧种的青年演员培养。到了 20 世纪 80 年代中后期及 90 年代初，浙江所有剧种，甚至其他省的地方戏曲，也效仿浙江小百花的做法，于是乎，"小百花"也就成了青年演员培养的一个代名词。

在杏花春雨、小桥流水的江南孕育的越剧，极具灵秀之气。越剧唱腔俏丽多变，跌宕婉转。来自浙江嵊州的"草台班子"，乘着乌篷船，沿着剡溪，走进了上海的十里洋场。100 多年来，从"落地唱书"到绍兴文戏，从男班艺人到女子科班，从质朴的民间小调到文雅的戏曲唱腔，越剧的每一步都走得扎扎实实。越乡风土，越音婉转，越女如花，越剧以它独特的魅力成为中国戏曲的一道亮丽风景，它的魅力被一代代深爱它的人不断书写，反复诠释。

越剧各个时期的代表作品,应该说都有鲜明的特点。《碧玉簪》《孟丽君》《梁山伯与祝英台》《琵琶记》,这是越剧初创时期的代表剧目。到了繁荣时期,又出现了《红楼梦》《祥林嫂》等。到了改革开放之后,出现了《五女拜寿》《陆游与唐琬》《西厢记》等一些脍炙人口的经典作品。这些经典作品围绕的就是具有江南文化特色的情感,比较细腻、缠绵、清新,构成了越剧审美总体风格特征与中间最突出的特色。

从最早的男班到女班,从花旦到小生的转变,到 20 世纪 80 年代以后,浙江小百花现象的出现,越剧这个年轻剧种,成长的时间不长,但它始终与时俱进,同时它还吸引了很多文化人的介入。应该说,在中国众多地方戏剧中,越剧艺术风格的规范化,体系模式化、特色化的出现,是与众多文化人的介入分不开的。所以说与时俱进、锐意改革,成为了越剧发展史上最重要的一个亮点。

声腔多样的婺剧与绍剧

导读:声腔多样,荡气回肠,分别起源于金华、绍兴的婺剧、绍剧,为何会有如此多样的声腔?婺剧《断桥》,为什么被赞誉为"天下第一桥"?哪一出绍剧名戏,让毛泽东、郭沫若亲自为其作诗?

随着浙江城乡经济的发展,最具活力的当是一些地方戏曲中的多声腔剧种。多声腔剧种在浙江有婺剧、绍剧、瓯剧、台州乱弹等这些古老剧种。这些剧种最大的特点,是以多声腔形式呈现出来,大多被称为大戏。大戏不是戏本身的大和小,而是指反映的内容和题材本身,是重大的题材如家国情怀、忠奸斗争的就是大戏,是儿女情长、男女说爱的就是小戏。所以越剧再怎么大做,都属于小戏范畴。这些个大戏当中,最具影响力的当数婺剧和绍剧。

　　婺剧，俗称"金华戏"，是浙江省地方戏曲剧种之一。金华、衢州自古为东南四省通衢之地，明清以来就是盐、丝入赣和漆、瓷入浙的商业贸易地区。商业贸易的发展，伴随着的是文化的繁荣。这里，诞生了李渔等许多著名文学家和戏剧家，也成为各种戏曲争胜斗奇之地，为婺剧的孕育创造了良好的条件。

　　金华古称是婺州，其地方戏后来被命名为婺剧。它主要流行在金衢盆地一带，还包括丽水、杭州建德及台州部分地区。其主要音乐声腔是高腔、昆腔、乱弹、滩簧、徽戏以及时调六大声腔，其中又以乱弹腔为主，所以金华戏又属于乱弹腔系戏。

　　婺剧演出主要是在民间，特别是在农村，它成为浙江第二大剧种，与金华独特的地理位置和商业经济分不开。婺剧的形成，主要的特点就是商路即戏路。金华的地理位置处在江西、福建、安徽、浙江四省交界，同时又是新安江流经钱塘江的重要码头。各种戏剧流派、戏剧形态，都在其周边出现。比较古老的南戏在它的南边温州出现，北边有调腔、昆曲，西边有安徽戏剧以及福建戏剧等。所以婺剧是各种戏班到金华地区独立演出以后形成的，过去叫金华戏，到了1950年前后，才叫婺剧。

　　婺剧的声腔源于明代的弋阳腔、海盐腔、余姚腔和昆山腔，是一两百年前"花雅"交融流变的结果。婺剧剧目丰富，技巧难度高，被戏曲家田汉誉为"天下第一桥"的婺剧《断桥》，文戏武做堪称一绝，素有"唱死白蛇、做死小青、跌死许仙"的说法。

　　在中国所有"断桥"戏里，婺剧的断桥戏是最有特点的。它是婺剧"白蛇传（白娘子）"戏系列中著名的一折。这个折子戏经过几代艺术家演出，从最早的吴光煜，到郑兰香，再到今天的陈美兰，成为了婺剧的经典。它主要用滩簧的声腔来演出。它具有歌舞性、程式性，诙谐、幽默、风趣，以它独特的艺术魅力感染着观众，成为了"天下第一桥"。

图 6-2　婺剧《断桥》剧照

　　婺剧有六大声腔。首先是高腔,有三个类型。一个是西吴高腔,一个是侯阳高腔,一个是西安高腔,这些高腔都是在金华周边区域诞生的。像侯阳是东阳;西吴是金华本地区;西安高腔,不是陕西的西安,是浙江衢州,衢州古称是西安。这些高腔又有各自的特点,形成不同的剧目。第二个是昆腔曲。这个昆腔曲和苏昆、正昆有非常大的区别。它是苏州的昆曲流传到了金华、衢州一带,与当地方言、习俗、农村演出结合以后形成的,没有像正昆那样严格的格律和曲牌要求,唱也没有这么讲究扎实,它是属于"草昆"。所谓的金华戏也好,婺剧也好,最重要的就是乱弹腔。乱弹腔主要指的是以浦江乱弹为核心的,一个是北方的"二凡",和西秦腔有关;一个是南方的,以诸暨、浦江一带的"三五七"为主。它演出的剧目,一个是武戏,一个是文戏,武戏比较高亢,文戏比较清丽。婺剧除高、昆、乱之处,还有三个声腔,一个是徽调戏入浙带来的。它是徽州人通过皖南,从安徽到了浙江,在兰溪、龙游、金华一带做生意,把戏班也带过来了。所谓的"商路就是戏路",就是这个意思。徽班进来以后,都是各自独立演出。但是随着市场竞争,它们相互之间也有融合。出现了"三合班""二合班",有些是高腔和徽戏结合,有些是乱弹和徽戏结合。然后是时调的出现。时调也就是民间的一些俗曲、明清的一些地方小戏。这类声腔主要是一些小节目,即当时所谓的现代戏,一些反映现实生活的戏剧。又有一类是滩簧。滩簧主要是从苏州流传过来,到了兰溪一带而形成的。滩簧有前滩和后滩之分,分别属于花鼓滩簧和南词滩簧。花鼓滩簧是以演小戏,以演地方化了的现代戏为主。南词滩簧演昆曲的一些折子戏。在婺剧中，主要是南词滩簧的一些剧目，并以兰溪滩簧为核心。所以婺剧六大声腔，是周边区域的戏剧的结合。

与婺剧相提并论的，是另外一种兼唱"高、昆、乱"的多声腔剧种绍剧。如果不知道绍剧，那《西游记》中扮演美猴王的六小龄童，你肯定耳熟能详。绍剧中，有一类猴戏独树一帜，其中最著名的一出戏，名叫《孙悟空三打白骨精》。六小龄童的父亲、南派猴王六龄童章宗义就曾扮演过孙悟空。绍剧是起源和流行于萧绍平原的地方戏剧，形成于清康熙年间，音乐曲调丰富，音调高亢激越，声音清越刚劲，具有浓郁生活气息。

绍剧有三四百年的历史，最主要的音乐特征是它的激越高亢，另外，它的民俗性、宗教性和仪式性，在演出中间也充分地展现出来。除了有特点的，像"男吊""女吊"这样鲁迅先生提到的社戏、目连戏之外，在剧目方面最有特点的是它的猴戏。猴戏是中国戏剧舞台上最具特点的一类戏剧。这类戏剧在中华人民共和国成立之前已经是卓有成就。当时一些绍剧艺术家在上海演出，已经形成了猴戏的系列戏类。到了20世纪60年代初，浙江绍剧团到了北京民族文化宫，演出了《孙悟空三打白骨精》。三打是哪三打呢？一打打的是一个少妇，妖怪白骨精装扮成了一个少妇，来欺骗唐僧。第二打是白骨精变成了一个老妇人，来欺骗唐僧。第三打是白骨精变成了一个父亲，来寻找妻子和女儿。这三个都让孙悟空的火眼金睛给看出来了。这个戏演出之后，郭沫若写了一首诗，毛泽东看了戏之后，又回了一首诗，其中有一句"金猴奋起千钧棒，玉宇澄清万里埃"。这首诗奠定了绍剧在中国戏剧舞台上的独特地位。因为有了猴戏，毛泽东去看了这个戏。反过来，也因为有了毛泽东这首诗，使得浙江绍剧名气大增。这个知名度，不光是剧团本身的知名度，还有演员的知名度。当时，六龄童演的是孙悟空，七龄童演的是猪八戒，十三龄童演的是唐僧。这个经典作品后来被改编成多种形式，电影有《孙悟空三打白骨精》，电视连续剧《西游记》也是把《孙悟空三打白骨精》作为一个独立场面来呈现的。

图 6-3　猴戏

　　文化多彩,梨园多姿。茶余饭后,人们相聚于戏台之下,锣鼓响起,戏曲开演。作为一种地方剧种,婺剧、绍剧虽历经沧桑,但仍扎根民间,而这正是地方戏曲生长的土壤和生命的源泉。聆听着乡音,每一出精彩的地方戏,都值得认真一看,细细一品。

　　至今为止,浙江的专业剧团里面,除了省属的几个团之外,绍兴虽然是地级市,但是绍剧团也冠以浙江绍剧团的名义。婺剧团也是这样。婺剧团虽然是在金华,但是剧团也冠以浙江婺剧团之名。这两个剧种的生存状况,婺剧相对好一点。婺剧有七个团。除了浙江婺剧团之外,还有义乌婺剧团、东阳婺剧团、兰溪婺剧团、江山婺剧团、建德婺剧团,另外在衢州,还有一个西安高腔剧团,也属于婺剧团。而绍剧就非常困难了,除了绍兴的浙江绍剧团之外,只有萧山有一个萧山绍剧团,就这么两个绍剧团。

　　绍剧也好,婺剧也好,浙江的一些重要的,以大戏著称的多声腔剧种,它们有独特的人文精神、艺术特色。首先是一种家国情怀;第二个是它们的表演丰富、声腔众多、流派各异,形成了恢宏的气势和舞台呈现;再一个,这些大戏在观众中留下了深刻影响。特别是一些重要作品,绍剧《孙悟空三打白骨精》也好,《于谦》也好,婺剧《断桥》也好,都是以独特的表演、精湛的技艺赢得了全国的观众的喜爱。

高腔、乱弹：有古韵遗风的浙江古老剧种

导读：踏歌遗想南戏韵，清心悦耳帮打唱。诞生南戏的浙江地区，有着哪些古老剧种？耍牙，是一种怎样的戏曲绝活？新时代下，又如何让这些曾经的"天下第一团"不断发展？

浙江众多戏曲中，诞生时间最早、历史最为悠久的，当推新昌调腔。新昌调腔是高腔的一个分支，随着高腔一路发展出来。跟新昌调腔相类似的，还有它周边的宁海平调，这两个地方剧种，是浙江目前最为古老的两个地方剧种。特别是新昌调腔，被称为中国戏曲的活化石。

调腔之词，主要产生在明代，绍兴人张岱在《陶庵梦忆》中提到了余姚腔和调腔的关系，所以后人把调腔作为很重要的一个戏曲声腔呈现出来。其实在明末清初，唱调腔的剧团还是很多的，特别是在绍兴、杭州这一带。但是到了民国以后，这些地方剧团都已经没有了，只在新昌还有十几个班社，依然在唱着调腔。于是便逐渐形成了今天的新昌调腔。

调腔是中国最古老的戏曲之一，至今仍保留着唐宋元遗风。新昌又与诗仙李白诗中的天姥山颇有渊源。新昌调腔，被认为是"北曲南移，南腔北上，南北声腔交流"的产物，已有 600 多年历史。2006 年 5 月，新昌调腔被列为首批国家级非物质文化遗产。

调腔的特点非常明显，主要有以下几个方面。一是在剧目方面，它有古戏和时戏之分。所谓的古戏，是以宋元南戏、明清杂剧传奇为主，像《琵琶记》《北西厢》《牡丹亭》。古戏的特点是比较清新、抒情，比较反映生活。正因为古戏

的存在,新昌调腔又被称作"中国戏曲的活化石"。二是在它的音乐声腔方面,和其他地区不太一样。调腔讲究的是一唱众和,一人启腔,众人帮腔,而且它是以锣鼓作为伴奏乐器的,没有丝弦伴奏,唱的是曲牌体。这个特点跟明初四大声腔之一的弋阳腔变成高腔和青阳腔关系非常密切,这也是一种古老的声腔。三是在它的表演方面,新昌调腔是高腔类声腔剧种的重要代表之一,文戏武唱,细腻、抒情,非常有特点。它的行当也是非常齐全,最有特点的就是"三堂十二色"。"三堂"指的是白脸堂、花脸堂以及旦堂。白脸堂指的是生角,从小生到老生。花脸堂,指大花脸、小花脸、二花脸。旦堂就是花旦,如二花旦、武花旦等。"十二色"指由十二个角色组成。

除新昌调腔外,古老的宁海平调也是极具特色的剧种。其中,耍牙是清末宁海艺人独创的一门绝活。耍牙已有 100 多年的历史,与四川变脸并称为"西脸东牙"。表演者口含数颗野猪獠牙,时而快速弹吐,时而上下左右翕动,野性中凸显灵动。

宁海平调在剧目表演上,与新昌调腔最大区别是它的特技表演。《金莲斩蛟》里面的"耍牙",是一个经典片段。耍牙过去是以女人扮成程咬金来耍的,这个特技应该说是高腔剧种中,比较难的一个特技呈现。在这个特技中,唯有宁海平调的耍牙,是耍得最好的、最出彩的,最有代表性。耍牙有两个方面,一个是故事本身,它要表现程咬金恐惧的、狰狞的面目;另一个,它还有可看性,让观众觉得表演更加活灵活现,从审美角度来讲,令表演更加具有程式性、宗教性。这种戏大多在宗教、祠堂里面演出,这种演出也是人们用来祈求幸福、祈求平安的。过去一直是女人演得多,但是现在听说男的也演。演得确实是很辛苦,一开始演时,口腔里面还会出血,需要不断训练。

中国戏曲史上出现过一次著名的"花雅之争"。清乾隆南巡时,两淮盐商调集全国 100 多个地方剧种在扬州接驾。为便于区分,地方官将剧种分为

"雅""花"两部。"雅"单指昆腔，"花"统称乱弹。台州乱弹、温州乱弹是分别流传于浙江台州、温州一带的古老剧种。唱、念、做、打，演出者文武兼备，唱做并重，文戏如泣如诉，武戏超群绝伦。

台州乱弹的剧目呈现，仅次于金华的婺剧。它有 300 多个剧目，其中常演的有"七阁""八带""九记""十三图"。"七阁"包括《回龙阁》《兰香阁》等，"八带"包括《鸳鸯带》《麒麟带》等，"九记"包括《拜月记》《白兔记》等，"十三图"包括《百寿图》《双狮图》等，这些都是传统大戏。从浙江东南地区的剧种分布看，绍兴、台州、温州这一区域的戏曲，它的多声腔性特点，它的特技表演，它的文戏武唱，它的剧目的丰富性、古老性，都是浙江大戏中间很有特色的。

然而，随着经济发展，流传至今的这些"戏曲活化石"，很多只剩一个剧团，被称为"天下第一团"。时光交替，岁月浮沉。戏曲的历史长河里，你方唱罢我登场。只有不断培育新生力量，不断给予扶持，才能让古老剧种得以传承，获得新生。

这些剧种的生存区域非常集中，都在浙江东南沿海一带，彼此相距不超过 100 千米。从新昌过去，到了宁海有平调。宁海过去，到了台州有乱弹。这些剧种在当地的生态环境，过去应该说是非常好的，这里也是"戏窝子"，老百姓非常喜欢看戏。20 世纪以来，随着越剧的迅速成长，现在看越剧的人更多了，这些古老剧种的生存环境，确实存在着很大问题。像这样的地方剧种，在浙江甚至在全国都具有唯一性。这些个剧种，不少只有一个剧团在演出，没有第二个剧团来替。前面说过的婺剧，有好几个团，绍剧还有两个团，而新昌调腔、宁海平调、台州乱弹、温州的瓯剧，这些剧种就只有一个团，有的甚至还没有国办剧团，像台州乱弹到今天为止，还是只有民办的剧团。但是，这些剧团应该说在出人出戏、推陈出新方面非常努力，做出了一些优秀剧目。但是不管怎么样，这些剧种，首先是要保存好它们原来的特点，这个是最重要的。现在，这些剧种雷同化、趋同化现象越来越明显,因为编导、创作、演员的人才梯队,确实还是存在一些问题。所谓的要保存它的价值,也就是说,原汁原味地把这些剧目、表演传承好、发扬好,应该说这是今天非遗保护很重要的一个方面。

滩簧戏:反映现实的浙江地方小戏

导读:乡音乡韵,醇美如酒。乡土中孕育而出,舞台上绽放馨香,甬剧、姚剧又有什么独树一帜的特点? 唯一的歌舞类浙江戏曲睦剧,走过了怎样坎坷曲折的历史? 存一点痴心,唱一世真情,浙江戏曲如何焕发新生?

在浙江众多地方戏曲中间,有一类滩簧类戏剧,是最能反映现实生活的一种戏剧形态。这类戏剧大概都是在民国初年慢慢形成的地方戏曲剧种,以宁波的甬剧、余姚的姚剧、湖州的湖剧、杭州的杭剧以及淳安的睦剧为主。这些戏被称为浙江的地方小戏。大戏可以登大雅之堂,小戏是不登大雅之堂的。大戏可以在婚丧喜事、重大节庆中演出,小戏只能在边边角角的剧场演出,这是一种传统的观念。但是正因为小戏具有旺盛的艺术生命力,所以它在民国以后,形成了独特的戏剧繁荣的现象。这些戏剧现象有一个共同主题,就是为普通百姓说话,反映的是他们的生活。

浙江面积不大,但方言众多、民俗各异,从而形成了浙江各地戏曲的不同风格。与越剧类似,甬剧也发端于浙东的宁波农村,成名成形于都市上海。甬剧源自串客,是用宁波方言演唱的地方戏曲剧种。1880 年,宁波串客艺人受邀来上海茶楼演唱,颇受欢迎,于是一大批宁波艺人蜂拥至上海,形成了宁波滩簧。到了清末民初,宁波滩簧上演的剧目,已有 72 出小戏。带着岁月的尘烟,甬剧在乡土中孕育而生,又在都市中绽放馨香。

宁波简称甬，甬剧因为是在宁波产生，而被称为甬剧。甬剧产生的时候正好是在辛亥革命前后，这个阶段也是民主思想在与传统思想的交锋之中占据了上风的时代。当时宁波的滩簧，有72出小戏，反映的就是家长里短、男女爱情这样的现实生活，被称为"唱新闻"，唱的就是当地的现实生活。19世纪末，这些戏剧形态的滩簧小戏，以甬剧为代表，到了上海。到了上海后，宁波滩簧改称为四明文戏，以演清装戏和西装旗袍戏来赢得观众。所谓的清装戏，就是以清代的服装来演出的，像《半把剪刀》《天要落雨娘她要嫁人》《双玉蝉》。从20世纪40年代开始，甬剧还改编了很多话剧作品，像《雷雨》《日出》《啼笑因缘》等，这些作品以西装旗袍戏为主。

这样的戏，舞台就是现实生活的一部分，表演向话剧学习。这种特点迅速在上海走红了，产生了一批优秀剧目。当时的甬剧，它的表演程式很缺乏，演员本身就是从卖艺人中间出来的，科班学习过的很少，要在上海这个舞台和京剧去比、跟昆曲去比，它必然是要走自己的捷径，这个捷径就是它觉得要向话剧靠拢，用话剧的《雷雨》《日出》《啼笑因缘》这样的戏剧，来吸引观众。这样的戏剧属于文人剧，观看的人主要有知识分子，它把这种戏剧故事题材吸收到了戏曲舞台上，让更底层的老百姓来看这样的作品，也成为它反映当下底层百姓生活的很重要的一个途径。这些作品到了中华人民共和国成立以后，从时装戏变成了今天的现代戏，于是出现了胡小孩的《两兄弟》，改革开放初期的《浪子奇缘》《典妻》等经典作品，这些作品就是直面人生，直面现当代的生活。

跟甬剧相差不足百公里的剧种，是同属宁波的姚剧。姚剧是起源于余姚的地方剧种，脱胎于当地民间说唱艺术及民间歌舞。余姚古属会稽郡，后为绍兴府，绍兴方言鹦、秧发音相近，鹦哥与秧歌因同音而被通用，故绍兴一带素称余姚滩簧为鹦哥班，也称秧歌班。

姚剧和甬剧非常相似，也属于滩簧系统，形成时间也差不多，但是甬剧是在都市里成长形成的，经过上海大都市的洗礼，更有都市化的倾向，而姚剧恰恰相反，它是在农村形成、在农村演出、在农村发展起来的。它是农民戏，农民看，农民演。

姚剧是在余姚北或者是在"三北"地区形成的，所谓的"三北"就是指余姚的北部、慈溪的北部、镇海的北部，它的观众、从业人员大都是剃头匠、篾匠，演出凭借的是当地人脑子的聪明，嘴巴的巧舌如簧、能说会道，所以当时姚剧又称为鹦哥戏。这种戏和甬剧比，更有群众性和农民性。甬剧更多体现出的是市民性、城市性、都市性。所以姚剧的发展，主要局限在农村，它的演出题材，也是以农村戏为核心，以农民作为它的创作题材的主体，如《龙铁头下山》《半夜鸡叫》都是以农村、农民戏为核心的。在 20 世纪五六十年代，余姚姚剧团还专门作为农村剧团下乡，为农民群众演出，《浙江日报》专门有新闻报道说姚剧"一根扁担两头挑"，是为群众、为农民下乡演出的一个典范。

图 6-4　姚剧

在古属睦州的浙江淳安，曾广泛流传着一种地方剧种睦剧，又称淳安三角戏。三角戏与淳安独特的人文环境有很大关系。淳安境内，大大小小的河流山溪边，散落着一个个村庄，村民吃的是自己种的苞米，穿的是自己织的麻布，住的是自己盖的石板屋顶泥墙屋，点的是松明灯。交通的不便，给三五人就能演出的三角戏班，留出了足够的活动空间。睦剧的演出内容，不出皇帝不出官，演的尽是农民身边事。

淳安过去叫睦州，它的周边就是皖南、赣东北，有皖南花鼓戏，有赣南的采茶戏,还有福建的三角戏。这些戏剧形态对睦剧的影响是非常巨大的,由此睦剧形成了独特的以载歌载舞形式来表演故事的戏剧形态。这种戏剧形态在浙江的几大戏剧类型中间是没有的。这个剧种到今天为止,很少有能够演出众多人物的大戏,还是以《南山种麦》《牧牛》这样的小戏、小品形态演出,带有很多的歌舞戏成分。但今天它的生存状态也非常差。到今天为止,国办专业剧团一个也没有了,只有几个民办专业剧团在演出。但是这些剧团的创作能力、演出的水准、创作的影响力,都还是非常有限的。因为没有国办的专业剧团在支撑,它的编导人员非常稀缺。没有好的剧目和好的演员,一个剧组要发展是很困难的。

浙江戏曲,像一柄锻造千年的宝剑,出炉后便一鸣惊人,也像一坛陈年的黄酒,开封后就芳香四溢。一代代戏剧人执着、坚守,铸就了浙江戏曲的辉煌,使浙江戏曲芳华无限。

浙江戏曲有辉煌的历史,也有很多成名作品、优秀的演员和编剧。改革开放以来,特别是现在,党和政府对戏曲非常重视。我觉得戏曲要传承好发展好,归根结底,一个是生态环境,如何创造更好的扶持环境,二个是剧团本身要做一些事情。就浙江戏曲来说,我觉得最大的困境是如何打造一些优秀的作品。随着市场经济的不断发展,从事编剧的剧作家越来越少,优秀的编剧越来越少。过去我们开戏剧创作会,浙江中青年编剧有好几百人。现在开会有多少人呢?五六十人都没有。而且这些编剧,除了年龄大了退休了以外,青年编剧成才的机遇非常少。这一方面是本身水平问题,还有是我们没有提供很好的一个条件。因为现在需要获奖,需要优秀作品,剧团领导不会去搞一个试验作品,让普通编剧去写,剧团肯定要请名编剧、名导演,来提升自己的成功率。这样本土的创作人员机会越来越少。如何自力更生,提升自己的主创水平,我觉得是很重要的一个问题。浙江戏曲创作还有一个瓶颈,除了一度创作之外,二度创作如导演、作曲、舞美、音乐方面也存在弱项。因为人才稀缺,所以越剧导演不光是导越剧，也导其他剧种，有的甚至是很陌生的剧种，也去导。作曲家也是这样。这样长期下来，剧种的特点越来越消解，类型化、趋同化现象越来越明显。

我想，解决这样一种困难矛盾，最重要的是，我们要加大对剧种本身的保护，加大自身创作力量的培养力度。要真正根据自己剧种的特点，主要是审美特点和艺术要求，来写戏、导戏、演戏。这样的话，这个剧种的特点、生命力会更强。同时，从我们浙江来说，浙江的很多戏剧剧种，很多获奖戏剧剧目，大多是演一个丢一个，没有再继续地加工、培养、修改、提高。从精品到经典转化，从新创作剧目，变成保留剧目，再成为代表剧目，这需要经过时间的考验。戏曲要不断地打磨，不断地在舞台上演出，才能成为经典。莎士比亚的作品也好，《牡丹亭》也好，《西厢记》也好，《长生殿》也好，老舍、曹禺的作品也好，就是不断地在舞台上演出呈现，以不同版本呈现，不停地加工，它才成为精品，才能成为经典。从这个角度来讲，浙江的舞台戏剧艺术要发展，就要不断地在舞台上呈现，不断地在舞台上修改打磨，演一个丢一个，永远成不了精品，更成不了经典。